さいたま市未来創造図3

子どもが輝く絆で[illegible]れたまち

清水勇人

埼玉新聞社

目次 ☆ さいたま市未来創造図3――子どもが輝く絆で結ばれたまち

※人口1人当たりの貸出点数

序章

「しあわせ実感都市」とは何か

「しあわせ」とは何か?

市長3期目を迎えました。

市長選では、さいたま市が合併して誕生以来初めて20万票を超える支持をいただき、さらに市内10区すべてで1位になることができました。2期8年の市民とともに積み上げてきた実績と、これからの10年がさいたま市の未来にとって重要な時期であることをご理解いただけたからこその結果であると受けとめています。

私はこれまで繰り返し繰り返し、「絆」と「誇り」の大切さを市民のみなさんへお伝えしてきました。それを取り戻すこと、さらに強固なものにすることが市民のみなさんの「しあわせ」につながり、さいたま市が「選ばれる都市」となって持続可能な成長ができると考えているからです。

では、「しあわせ」とは何でしょう。市民のみなさんの満足度を客観的に表す指標や、しあわせの度合いを示す数値というものがあるのでしょうか。私は、機会があるごとに市民意識調査の結果を指標の一つとして紹介しています。

市民意識調査は、広聴活動の一環としてさいたま市が行う施策に対する市民のみなさんの意向を把握し、今後の市政運営の参考にすることを目的に毎年実施しています。平成23（２０１１）年度からはインターネットによる調査も行っています。

平成29（２０１７）年度の調査では、さいたま市は「住みやすい」「どちらかといえば住みやすい」と答えた人の割合が83・４％に達し、前年度の調査から０・２ポイント増加して過去最高を更新しました。また、さいたま市に「ずっと住み続けたい」「当分の間住み続けたい」と答えた人の割合は82・９％で、ともに８割を超えています。

調査が始まったのは平成19（２００７）年度です。この時、さいたま市を「住みやすい」「どちらかといえば住みやすい」と感じていた方の割合は74・０％でした。私が市長に初めて就任した平成21（２００９）年度の調査では76・２％でした。以来、その割合は年々増加して、８年間で７・２ポイント上昇しました。

住民意識調査は全国の自治体で実施されています。質問の仕方や項目などは一様ではありませんから一概に比較はできないものの、住民の８割以上が自分のまちを住みやすいと感じている自治体が全国にどれほどあるでしょうか。

私たちは、市民のみなさんにさいたま市を住みやすいと感じていただけることが、市民満足度を示す指標の一つだと考えています。私は、8割を超える市民のみなさんが住みやすいと感じているさいたま市を誇りに思いますが、決して満足しているわけではありません。さらなる高みを目指して取り組みを進めています。

掲げるのは、平成32（2020）年に市民満足度（Citizen Satisfaction）90％の達成です。詳しい取り組みについて述べるのは別の機会に譲りますが、私たちはこれを「CS90運動」と名付けて努力を重ねています。

私たちのしあわせは、客観的な数値だけで表せるものでは決してありません。夢や希望、安全や安心、豊かさ、健康、愛、絆、自己肯定感などさまざまな要素が折り重なって、人はしあわせを実感するものだと思います。

また、経済的な豊かさや物質的な充足だけでも心は満たされません。私は、人は他者から喜ばれ信頼されること、そして他者を信頼できることがとても大切だと考えていて、絆という言葉で表現します。その喜びこそが、人が生きる誇りですし、そこにこそ人はしあわせを実感するのだと思います。

本書では、さいたま市の暮らしの中で実感するしあわせや、さいたま市が持つ子どもをめぐる教育力などについて考えます。それらにははっきりとした姿や形はなく、数値や指標だけではとらえることのできない目には見えないものかもしれません。

しかし、妻とともに2人の息子を育てる55歳の父親としての目からも、市長としての目からもさいたま市の大きな魅力としてははっきりと見えていることです。

さらにさいたま市長として言えば、その魅力はさいたま市のまちづくりに欠かせない大きな力を発揮する重要な核の一つでもあるのです。

さいたま市が目指す都市像とは

本書のタイトルにもなっている「子どもが輝く絆で結ばれたまち」「しあわせ実感都市」さいたまの実現は、市長に就任して以来続けているタウンミーティングなどさまざまな機会で、市民のみなさんへお伝えしているまちづくりのビジョンです。

このビジョンの中で、私たちが特に重視しているのがコミュニティの再生です。まちづくりの主体は行政だけではありません。市民のみなさんや企業や団体、あるいは大学なども含めて、地域社会の中でそれぞれがそれぞれの役割を果たし、協働・連携し合うことで、よりよいまちづくりが進むのだと、私は考えています。

身近な自治会活動を考えてみましょう。地域住民としての責任は自治会費を支払いさえすれば果たせるのではなく、清掃活動に参加したり、回覧板を回したりする役割を担うことにもあります。仮に、本来は地域が果たすべき役割を行政が代わりに担えば、住民の手間は省かれ、煩わしさもなくなるかもしれません。しかし、その分、大きなコストがかかると同時に、さらに失ってしまう大きなものがあると、私は思っています。それが、地域の絆であり、人との絆です。それは、幸福感の喪失にもつながってきます。

今、都市化や核家族化、高齢化などを背景に本来あった地域機能の低下が社会問題にもなっています。だからこそ地域の絆を深め、さらに広げていくための仕組みや取り組みが必要だということを指摘しておきたいと思います。

私は「子どもが輝く絆で結ばれたまち」「しあわせ実感都市」さいたまについて、こう考えています。

地域の絆を再生する、あるいは維持するためには市民のみなさんにも一部の役割を担っていただくことをお願いすることになります。市長に就任して学校安全ネットワークや防犯ボランティア、放課後や土曜日のチャレンジスクールなどを積極的に進めてきました。これらの実施にあたっては、地域の中にさまざまな議論がありました。私は市長として多くの現場へ足を運んできましたし、父親としてＰＴＡや地域の活動に参加したこともありますから、活動を続ける上での人間関係や大変さについても理解できます。

しかし、それらを一つひとつ乗り越えることで地域の力が増し、地域や人との絆が深まるのだと感じています。そして、何よりも活動に参加することが、地域の中で自分自身が必要とされているという存在感、役立っているという充実感につながると感じています。

そのことが、私が一貫してお伝えしてきたしあわせの本質です。

絆を生かした「しあわせ実感都市」の実現には、まちづくりの仕組みが必要です。私たちは「さいたま市しあわせ倍増プラン」を策定し、具体的な取り組みの目標や工程の計画を「２００９」「２０１３」としてまとめて、それぞれ4年間で重点的に取り組むべき重要施策を明確にし、継続的に取り組んできました。「２０１７」についてもしっかりと進めていきます。

詳しくは後述しますが、学校や子どもたちのために活動するボランティアの人数は、これまでに驚くほど増加しました。一方、さいたま市の子どもたちは、学力も、夢や目標を持っている割合も、学校が楽しいと感じている割合も、さらに自己肯定感も全国的にみて高い水準にあります。こうした結果を支えているのは、学校や子どもたちにかかわっていただいている市民のみなさんの力、難しい言葉でいえばソーシャルキャピタルと言いますが、まさに「子どもが輝く絆」の力なのだと感じています。

第1章

教育力で「選ばれる都市」へ。
成長加速化戦略

人口減少とさいたま市

さいたま市がこれからも持続可能な成長を遂げるためには、「子どもが輝く絆で結ばれたまち」と「しあわせ実感都市」を築き、「選ばれる都市」になることが必要だと述べました。市長2期目の初めに「さいたま市成長戦略」を策定しました。これは国際観光都市戦略、医療ものづくり都市構想、環境技術産業の推進、スポーツ観光・産業都市戦略など七つのプロジェクトからなるものです。

では、こうした戦略的なまちづくりがなぜ必要なのでしょう。選ばれる都市を目指す理由は何か、そして、教育や子どもをめぐる取り組みがなぜ必要なのでしょう。

まずは、さいたま市が抱える課題について指摘します。

日本はすでに、少子高齢化の進行によって人口減少社会に突入しています。生産年齢人口は平成7（1995）年をピークに減少に転じ、総人口も平成20（2008）年をピークに減少が続いています。これは世界に類をみないもので、人口減少が将来の日本にもたらす、経済・福祉・教育などさまざまな分野への社会的影響が心配されています。

さいたま市が平成29（２０１７）年に行った平成27（２０１５）年の国勢調査結果に基づく将来人口推計では、この先も緩やかな人口増加が見込まれるものの、平成37（２０２５）年の約１２９・２万人をピークとして、その後は減少に転じ、平成72（２０６０）年には約１１７万人まで減少すると推計されています。

年齢別の人口構成をみると、団塊の世代と団塊ジュニア世代に大きな山があります。さいたま市の特徴は、団塊ジュニア世代が団塊の世代よりも多いことで、生産年齢人口の割合は全国平均よりも高くなっています。とはいえ、安心はできません。さいたま市でも生産年齢人口の減少はすでに始まっています。

注目したいのは人口動態で、特に転出・転入による社会増減の特徴です。

さいたま市から転出する人口は平成19（２００７）年には5万４８５５人でしたが、平成28（２０１６）年は4万９７８６人と緩やかな減少傾向にあり、一方、さいたま市へ転入する人口は5万９７５７人（平成19年）から6万２６７人（平成28年）とほぼ横ばいなため、結果として人口は増加傾向（転入超過）が続いています。特に20～39歳の転入が極めて多く、最も多いのが25～29歳の世代で、社会増の約9割を39歳以下の世代が占めています。

高齢化とさいたま市。二つの問題

総人口に占める65歳以上の割合を示す高齢化率は、平成27（2015）年10月1日現在で、26・7％（平成28年度版高齢社会白書）で、県平均は23・7％（同年1月1日現在、県統計課）です。これに対して、さいたま市の高齢化率は21・94％（同年9月1日現在）で、全国と比較して約4・8ポイント、県平均とは約1・8ポイント下回っています。

さいたま市は約5人に1人が高齢者ということになりますが、大きな問題は高齢者人口が増加するスピードです。

さいたま市は、団塊の世代の人口が多いことはすでに指摘しました。市の人口の4％程度を占める団塊の世代が高齢者の仲間入りをしたことなどから、さいたま市の高齢化は今後、他の都市と比べて急速に進んでいきます。

団塊の世代の人口分布が大きいさいたま市は、この世代が後期高齢者（75歳以上）の仲間入りをする平成37（２０２５）年以降に医療介護サービスのコストが大きく膨らむことが予想されます。平成17（２００５）年の国勢調査によれば、現役世代（15～64歳）４・４人で、65歳以上の高齢者１人を支えていましたが、平成37年には２・５人で支えるようになると推計されています。

65歳以上の高齢者のみの世帯や高齢者の単身世帯も平成17年の国勢調査では５万６４４８世帯であったものが、平成27（２０１５）年の国勢調査では９万９４１４世帯と大幅に増加しています（各年10月１日現在）。

もう一つの高齢化問題は、公共施設の老朽化です。

市内には学校や区役所、道路や公園、上下水道など生活に欠かせない公共施設が、約１７００施設あります。建物だけについてみると、床面積の合計は約２６０万平方メートルで、東京ドーム55個分以上の規模になります。その半分以上が、子どもたちが通う学校などの教育関連施設です。

これらの多くは昭和40～50年代にかけて整備されたもので、すでに築後30年以上が経過しており、大規模改修や建て替えが必要になります。現在の規模のまま改修、建て替えを行った場合、私たちは今後40年間で約2兆7870億円もの費用が必要になると試算しています。平均すると年に約697億円の負担です。

このうち国や県の補助金、市債などの特定財源で賄える分を除くと、市税などの一般財源で確保しなければなりません。その額を試算すると、40年間で約1兆1300億円にもなり、年平均で283億円の負担にもなります。

私は、既存の公共施設すべてを現状のまま維持するのは難しいと考えています。優先順位をつけて「選択と集中」によって施設を有効に活用することが必要です。すでに「公共施設マネジメント計画」と「第1次アクションプラン」を策定して取り組みを進めています。公共施設は、市民のみなさんの大切な財産です。みんなで少しずつ我慢し合い、できるだけ工夫をして上手にやりくりする必要があります。

健全なさいたま市の財政　これからの課題

さいたま市の財政は、現時点では政令指定都市の中でトップクラスの健全性といえます。

リーマンショック以降も、堅調に推移していた市税収入は納税義務者の増加や景気の回復などに伴って、平成29（2017）年度はさいたま市誕生以来、最高となる見込みです。平成28年度決算では、歳入に占める自主財源の割合を示す自主財源比率は、政令指定都市の中でも高い水準にあって、名古屋市、川崎市に次いで3位です。

また、市の借金に当たる「市債」の平成28年度末の残高は約4328億円。これは市民1人当たり約33万7千円で、全国の政令指定都市の中で2番目に少ない額です。

先述したようにさいたま市の人口は緩やかではあるものの、しばらくは増加傾向が続くと予想されています。転入などによる納税義務者の増加、家屋の新増改築などによる固定資産税の増収が見込めると思われますが、支出では介護や医療、福祉などの費用がすでに大幅な増加傾向にあって、平成21年に市長に就任した時の高齢者・障害者福祉や子育て支援などの民生費の予算は約1085億円でしたが、平成29（2017）年度では約1914億円と約1・8倍に増えました。それ以外の土木費、総務費など、ほとんどが横ばいか、やや減少傾向にある中で唯一、大幅に増加しているのが民生費です。今後はますます増大することが見込まれます。

平成32（2020）年までの中期財政収支見通しでは、3年間で約1276億円の財源不足が想定されています。平成27（2015）年における3年間の財源不足額約1072億円と比較すると、約1・2倍の204億円も多い不足額が見込まれます。ただし、これは「何も対策を講じない」場合です。これからも歳出を絞るなどしっかりと対応し、バランスの取れた予算編成を行っていきますが、これまで以上に厳しい財政状況になるのは間違いありません。

先に指摘したように、さいたま市の高齢化は今後急速に進むことから、収入は大幅に減少することになります。同時に、医療介護などそれを支える負担が大きく膨らみ、支出は増大することになります。

「選ばれる都市」へ新しい成長戦略

さいたま市が直面している課題を指摘しました。では、どうしたらいいのでしょうか。人口減少や高齢化などの問題は止めることはできませんが、影響を緩やかにすることはできます。そして、私たちはすでにその取り組みを始めています。

減少が見込まれる税収をできるだけ安定的に確保するためには、生産年齢人口に当たる現役世代や、それ以下の世代のみなさんにさいたま市に住んでいただくことが必要です。特に、さいたま市で子どもを産んで育てる人たちを増やしていくことが大切ですし、さいたま市を選んで他の都市から移り住んでいただくことも重要です。また、さいたま市に来て買い物をしていただいたり、楽しんでいただいたりすることも必要です。

それから、企業のみなさんにもさいたま市を選んで進出していただくことです。さいたま市は交通アクセスの良さは抜群です。また、さいたま市は地盤が比較的強く、台風などの自然災害が少ないという強みを生かして積極的に誘致活動を展開する必要があります。こうしたことが、人口減少や高齢化を緩やかにすることにつながり、地域経済や福祉、教育などへの影響を軽減し、市税収入を増やして公共サービスの極端な低下を防ぐことにつながります。

私はさいたま市の未来にとって、これからの10年が極めて重要だと考えています。地域経済を活性化し、都市の機能性や利便性を高め、都市イメージの向上を図るなどして持続可能な成長をしていける都市になるためのまちづくりを進めなければなりません。

私は、さいたま市を市民のみなさん一人ひとりがしあわせを実感できる都市へ、他の都市のみなさんや企業から「選ばれる都市」へと成長させていきます。そのためには、さいたま市の誇りや強みを生かしたさまざまな取り組みを効果的に実行することが必要です。

市長2期目、そのための具体的な方策として「さいたま市成長戦略」を策定して取り組んできました。そして3期目を迎え、これまでの戦略の柱に教育を加え、「さいたま市成長加速化戦略」と位置づけて、さいたま市が持つ「教育力」の素晴らしさを発信します。

うれしいことに「さいたま市で教育を受けさせたい」という声をよく耳にします。客観的な数値はありませんが、教育力に魅力を感じてさいたま市を選んで住んでいるみなさんが相当数いらっしゃるものと、私は感じています。私が考える教育力は、家庭・学校・地域の協力です。その素晴らしさは、さいたま市の誇りであり「選ばれる都市」としての大きな魅力になると思います。

第2章

現場へ足を運んで感じた「教育力」の素晴らしさ

子どもたちの夢と希望を育む力を

子どもの頃の私は、これといって大きな夢や希望を持っていませんでした。思えば、持てずにいたのかもしれません。小学2年生のときに両親が離婚し、その後、私は母と暮らしていました。私立中学へ進学するのを機に大変悩み、苦しみましたが、父の元で暮らすことになりました。中学2年生のときに、離れていても大好きだった母が病に倒れ、半身不随になり寝たきりの生活になりました。私の人生にとって衝撃的な出来事でした。子どもながらに抱いていた夢や希望が一瞬にして消えてしまう出来事でした。

以来、元気な母の姿をみることが私の唯一の希望になりました。少しでも良い治療を受けさせたいと、高校へは進学せずに働こうと本気で考えました。そんな私を諭してくれたのは父、私を育ててくれた義母、祖父母、親戚などの家族です。あのときの家族の支えと導きがなければ、今の私はこのような人生を送ることはなかったかもしれません。

高校生になってからも母の病気のことが常に心にあって、大学へ進学する目的をみつけられずにいました。ベトナム戦争を取材したカメラマンに出会ったのは、そういう時期でした。彼から聞いた話が心に響いて、戦争の悲惨さや貧困に強い関心を持つようになりました。戦争や貧困をなくしたい。それが政治家を目指すようになった私の原点です。

その後もたくさんの出会いがあり、たくさんの話を聞きました。そうした経験を糧にして私は新しい夢や希望を抱き、社会や人のために少しでも役立ちたいという願いが、私という人間を形づくり、私の人生を拓くことができるようになったのだと思います。

夢や希望は生きる力です。どんな厳しい環境にあっても、夢や希望があればさまざまな苦しさや困難を乗り越えることができます。第一線で活躍している人との出会いや、努力や苦労を重ねた体験談には子どもたちの夢や希望を育てる無限の可能性があります。そこから見出した夢や希望に向かってしっかりと歩んでいける力を子どもたちが育めるように、家庭や学校、地域が一緒になって支え合うまちをつくるために、あるときは私たちが先頭に立ち、あるときは教育委員会を中心にしてさまざまな取り組みを進めています。

私が学校へ足を運ぶ理由。貫く現場主義

課題はいつも現場にある、というのが政治家を志して以来の持論です。市長就任後も、その思いはずっと変わっていません。現場主義を貫き、日本一現場に足を運ぶ市長を標榜しています。現場を見ながら、それぞれの現場が抱えている課題や状況を把握し、さらに現場の中から課題を解決していく目を持つことが大切だと考えているからです。

平成27（2015）年4月、改正地方教育行政法が施行され、教育に関する予算編成や執行の権限を有している首長と教育委員会が十分な意思疎通を図り、地域の教育課題やあるべき姿を共有して、より一層民意を反映した教育行政を推進するため総合教育会議が設置されることになりました。この会議では、教育・学術・文化の振興に関する総合的な施策の大綱の策定や、教育を行うための諸条件の整備、その他の地域の実情に応じた教育・学術・文化の振興を図るため重点的に講ずべき施策などについて協議します。教育現場である学校を訪問するのは、総合教育会議を主宰する首長として現場の状況を知ることが必要と感

じるからです。学校現場で起こっていることや抱えている課題に対応するため、現場で話を聞き現場を見ながら教育委員会と十分な意思疎通を図り予算に反映してきました。

「おはようございます」

学校訪問では、校門に立ってあいさつ運動に加えていただくこともあります。私も登校してくる子どもたちを出迎え、一人ひとりにできるだけ大きな声で元気いっぱいに挨拶するように心がけています。

市長に就任して以来、すべての市立幼稚園・小・中・高・特別支援学校１６７校をすでに二巡しました。大きな声で挨拶を返してくれる子どもたちは私以上に元気いっぱいで本当に頼もしく、逆に私が元気をもらったような気分になります。

子どもたちから学んだこと

今でこそ、さいたま市の学校は地域に開かれていますが、学校が地域へ積極的に出ていくことも、地域のみなさんが学校にかかわることも必ずしも当たり前ではない時代がありました。

私がPTAにかかわり始めた当初は、まだ学校と地域との壁は必ずしも低くなかったように思います。私が子どもの頃には地域の中によくいた、子どもを指導してくれる大人が少なくなり、子どもと地域の大人、学校と地域の関係が変わってしまってきていることに驚きました。地域コミュニティが低下し、社会や人間関係が変化している中で、子どもや学校にかかわりにくい状況がありました。

学校や子どもをもっと応援しよう、育んでいこうという思いは、きっと地域の中にずっとあったと思います。しかし、一時期、学校と地域の間には見えない壁ができて、その向こうとこっちでものを言い合う関係だったような気がします。学校崩壊や学級崩壊がいわれていた当時、学校・家庭・地域のそれぞれの教育力の低下が指摘されましたが、地域と学校との関係、地域の大人と子どもとの関係の変化が、その大きな要因だと私には思えます。学校・家庭・地域それぞれの教育力を高め、それぞれの役割を果たしながら、お互いの連携を強化していくことが、教育を充実させることになると、私は考えました。

私が市長になって放課後や土曜日の「チャレンジスクール」を全校で実施するようにな

りました。チャレンジスクールは学校の体育館や校庭、余裕教室などを活動の場として、地域のみなさんの協力をいただきながら、子どもたちが勉強やスポーツ、文化活動や遊びなどに取り組みます。いうなれば、現代版の寺子屋です。

実は私が市長になる前、保護者として、PTA会長としてチャレンジスクールの前身に当たる「放課後子ども教室」にかかわっていたことがあります。

当時は、校舎の管理上の課題もあり、活動でお借りしていたのは校庭だけでしたので、雨の日は中止にせざるを得ませんでした。

あるとき、この取り組みを見守ってくれていた教頭先生がこんな話をしてくれました。

「子どもたちの表情が、普段教室でみるのと全然違います。教室ではみせない笑顔や輝く表情が素晴らしいですね」

そのとき以来、学校の協力がより強くなり、雨の日には図書館を借りられるようになりました。

子どもたちは普段、同学年の友だちと過ごす時間が多いものですが、チャレンジスクールでは学年を超えて一緒にさまざまなプログラムを行います。「子ども社会」の中で自分の居場所をみつけた子どもは普段とは異なる笑顔や表情になっていたのだと思います。

それを支える地域のみなさんには確かに苦労もありましたが、実に一生懸命で子どもたちとのふれあいを楽しんでいました。「子どもたちのために貢献している」という意識が芽生えたからだと思います。子どもも大人も輝いていて、私自身も楽しい時間を過ごしました。

私は、チャレンジスクールが地域の教育力を高めていく上でとても重要な役割を果たしていると感じています。さらに、地域の絆の再生にも一役買っていると思います。チャレンジスクールは文字通り、地域の教育力にとって「チャレンジの場」なのです。

子どもたちへ、学校へ伝えたいこと

市長に就任して以来続けている学校訪問は、市立すべての幼稚園・小・中・高・特別支援学校167校を二巡し、さらに学校の年中行事などを入れれば400回を超えると思います。あいさつ運動や周年記念行事に参加したり、授業をみせていただいたり、ときには給食を一緒に食べたりするほか、子どもたちに話をすることもあります。

学校で出会う多くの子どもたちの目に、私はどう映っているのだろうと思いをはせることがあります。

私は、身近にいる大人や子どもたちが暮らしているさいたま市が、子どもたちのことに関心を寄せている、大切に思っていると、子どもたち自身が感じてくれたらうれしいと思っています。なぜなら、そのことが学校へ足を運ぶ私から子どもたちへ、そして学校へ贈るメッセージだからです。


今でもはっきりと覚えている光景があります。機会がある度に話題にする出来事です。それは、市長に当選して間もない頃のこと。その朝、私はある小学校であいさつ運動に参加していました。いつものように一人ひとりに声をかけていると、あるお母さんに話しかけられました。

聞けば、お子さんが特別支援学級に通っているお母さんでした。先日、お子さんがさいたま市のユーモア大賞で表彰され、私から表彰状を手渡されたというのです。以来、お子さんは自信を持ったのでしょう、表情が明るくなってとても積極的になったと涙を流して喜んでいらっしゃいました。私が渡した一枚の表彰状が子どもを変えたことに気づいて、以来、市長として表彰状や感謝状などを贈呈する際には、いつも大きな声で心を込めて読み上げるようになりました。

この出来事は、若手の職員にもよく話しています。私たち公務員が普段行っている仕事は、市民のしあわせのためにある。小さなことであっても、日常的な仕事であっても、市民のみなさんに大きな影響を与えることがある。一つひとつの仕事を大切に、心を込めてやろうと。

家庭でも、学校でも、あるいは地域でも子どもをめぐる教育は日常的な積み重ねが大切です。そこには際立った変化は感じられないかもしれませんが、子どもたちの夢や希望を育み、ときには人生を変えるような大きな力にもなるのです。

さいたま市の子どもたちは、将来の夢や目標を持っている割合が高く、自己肯定感も高いという調査結果があります。私が学校訪問や地域活動を通して感じるのは、家庭や学校の力はもちろんですが、それにも増して地域のみなさんの力です。

「ありがとう、助かったよ」

「すごいねえ、頑張って」

「元気がいいねえ、気持ちのいい挨拶だね」

身近な大人が子どもたちへ声をかける姿をよく目にします。さいたま市は、地域での普段の生活の中で子どもと地域の大人が接する機会が多く、子どもたちを気にかけて褒めていただいているのだと感じます。

私は、自己肯定感は褒められる体験によって育つものだと思います。

国立青少年教育振興機構は、子ども時代に親や先生、近所の人に多く褒められた人は、へこたれない力や自己肯定感が高い大人に成長するという調査結果を発表しています。また、叱られるより褒められる経験が多いほうが打たれ強い大人に育つともしています。

「自分にはよいところがある」と感じている子どもがさいたま市には多い。そのことに、私は地域の教育力の高さを感じます。

日本一おいしい給食を目指して

第3章

「選ばれる都市」へ。日本一の教育文化都市をつくろう

目指すのは、日本一の教育文化都市

私は、さいたま市が持続的な成長を遂げるためには「選ばれる都市」になることが必要だと述べました。そこで、さいたま市に住んでいることを誇りに思えるようなまち「しあわせ実感都市」となっていくことを目指して、五つの柱を基本にしたまちづくりに取り組んでいます。

一つ目は「東日本の中枢都市構想の推進」です。

さいたま市の強みである東日本の交通の要衝という特性を生かし、より高度な都市機能を集積した東日本の中枢都市づくりを推進します。

二つ目は「日本一の安心減災都市づくり」です。

さいたま新都心の広域防災拠点としての機能の充実・強化、また災害時の緊急輸送道路周辺の建築物耐震化や情報基盤整備などに取り組み、強靭な都市づくりを推進します。

三つ目は「日本一の教育文化都市を実現」することです。

さいたま市の次代を担う子どもたちが夢や希望を持ち、その実現に向けてたくましく進んでいく「生きる力」を育てるため、さまざまな取り組みを実施します。

四つ目は「環境未来都市の実現」です。

再生可能エネルギーの導入・普及を進め、「次世代自動車・スマートエネルギー特区」にかかわる取り組みを推進します。また、見沼田んぼをはじめとする豊かな自然と共生し、地球環境に負荷の少ない環境未来都市を実現します。

五つ目は、「健幸都市づくり」です。

健康づくりや介護予防に取り組み、病気になっても住み慣れた地域で質の高い医療サービスが得られる、誰もが健康でしあわせに暮らせる「健幸都市」を実現します。

特に、三つ目に掲げた「日本一の教育文化都市を実現」は本書のテーマにもかかわるものです。その実現に向けては「文化芸術都市の創造」を大きな柱の一つに位置づけています。文化芸術都市創造条例を生かした象徴的なイベントとして開催した「さいたまトリエンナーレ」や、地域文化資源である盆栽、人形、鉄道、漫画などを活用することが大切だと考えています。

学校・家庭・地域の教育力を高め、連携しながらグローバルな人材を育て、知・徳・体・コミュニケーションの四つの力を育んでいく、日本一の教育文化都市づくりを強化していきます。

夢ある教育文化都市へ。改正地方教育行政法と教育大綱

教育委員会と市長（首長）との関係を簡単に整理しておきます。一言でいえば、教育委員会は首長から独立した組織で、そこには教育行政に対する政治的な中立性を保つという目的があります。

国は教育委員会の責任を明確化しようと見直しを本格化させ、平成27（2015）年4月1日に、改正地方教育行政法（地方教育行政の組織及び運営に関する法律の一部を改正する法律）が施行されました。改正地方教育行政法は、それまでの非常勤の教育委員長と教育行政の事務方のトップの教育長を一本化した新しい「教育長」を置き、首長が任命・罷免するとしました。加えて、首長は教育委員と構成する「総合教育会議」を主宰し、教

育の大綱をまとめるとしました。

さいたま市はそれまでも、教育委員会と事務局、市長部局との連携や役割分担が円滑に行われてきましたが、法改正の趣旨を踏まえて、総合教育会議を通じて教育委員会とのコミュニケーションを一層強化しています。

さいたま市は平成27（２０１５）年9月に、「一人ひとりが生き生きと輝く個性を育み、日本一の教育都市を実現する」を基本方針とするさいたま市教育大綱をまとめました。基本方針には、次の四つの柱を掲げています。

①家庭、学校と地域社会が連携を深めながら、開かれた学校づくりを進め、一人ひとりの個性の尊重を基本として、豊かな人間性と健全な社会性を身につけた次世代を担う子どもを育てていきます。また、地域社会とのふれあいを深め、郷土を愛する青少年を育てていきます。

②市民のだれもが生涯を通じ、それぞれの関心に応じて学びながら成長できるよう、生涯学習の環境整備を進めます。

③市民のだれもが年齢や体力に応じてスポーツに親しみ、家庭や地域で気軽にレクリエーションを楽しめるよう、「一市民一スポーツ」を推進します。

④地域固有の資源の再発見、世界の文化とのふれあいのなかで、生活をより豊かにするさいたま文化の創造を目指します。

また、目指す方向性として四つを示しています。

①希望をはぐくむ教育の推進と青少年の健全育成

②生涯を通じた学びの充実とその成果の活用

③健康で活力ある「スポーツのまち　さいたま」の実現

④生き生きと心豊かに暮らせる文化芸術都市の創造

学校・地域の教育力

家庭や地域社会の「教育力の低下」がいわれています。かつてPTA会長などを務めた経験から、本来は家庭や地域社会で行われるべき子どもの育成までもが、学校に期待されるようになっていると感じます。一方、過剰な期待を受けた学校はその役割を果たし切れなくなり、それがまた社会全体の教育力低下を生む、という事態に陥っているのだと思えます。

私は、学校と地域がそれぞれの役割を再認識して力を合わせ、子どもたちの健やかな成長を支える「子どもが輝く絆で結ばれたまち」をつくりたいと考えています。学校と地域が協力体制を強めて、子どもたちの学力やコミュニケーション能力の向上を目指さなければなりません。

また、家庭教育はすべての教育の出発点だと思います。父親として感じるのは、子どもが基本的な生活習慣、思いやりや善悪の判断、社会的なマナーなどを身につける上で、家庭教育が重要な役割を果たしていることです。

かつての日本は、おじいちゃんやおばあちゃんと暮らす3世代同居の家庭も多く、子どもは親以外の大人と接する機会が多くありました。そのふれあいを通して、家族全体で家庭教育を担っていたのだと思います。

地域のつながりも今より密接で、隣近所の大人は他人の子どもであっても「地域の子ども」として見守り、育てていたのだと思います。そして、子どもたちは地域の中で、年齢の異なる子どもと遊んだり、年下の子どもの世話をしたりする経験ができました。

私は、かつて私たちの家庭や地域が持っていた子育てや教育を支える仕組みや環境に注目しており、これからのまちづくりに生かしたいと考えています。

親を支え、家庭の教育力を支える

清水市長は子育てにしっかり取り組んだのですかと尋ねられたら、少し耳が痛いです。政治家を目指し、県議会議員として働き、市長の重責を果たす中で、子育ての大部分を妻が担ってくれたと言わないわけにはいきません。それでも、妻がたった1人で子育ての悩みを抱え込むことがないように、父親として、夫として家族で過ごす時間を大切にしていますし、子育てでは辛いことも、多少なりとも喜びも夫婦で分かち合ってきました。

子育て経験から感じるのは、母親の子育てを助けてくれる人や、子育てについて相談できる人がそばにいないという状態がみられることです。

また、兄弟姉妹の少ない家庭では、実生活の中で赤ちゃんに接したり、幼い妹や弟の子守りをしたりするなどの経験が少ないまま親になるということもあります。私たち夫婦も、親として子どもにどう接したらいいのか分からず悩みましたが、育児や子育てに不安を持つ若い母親や父親が増えているように思えます。

若い親たちが抱える課題は一様ではありません。核家族化が進んでいるだけでなく、ライフスタイルや価値観が多様化しているからです。

仕事を持つ親は、子育てにかける時間の不足に悩みます。専業主婦は日々の子育ての中で孤独感に悩むでしょう。もちろん、周囲の人の助けを上手に借りながら子育てをしている親もいます。子育てや育児を１人で抱え込み自分自身を追いつめるほど頑張っている親がいる一方で、子育てに無関心な親もいます。そして、離婚などによって仕事と子育てを１人で担っている親など、周囲の支えをより必要としているケースもあります。

家庭の教育力について行政がどこまで踏み込めるのか、という議論があります。私は、今日いわれている「家庭の教育力の低下」が個々の親だけの問題とは思いません。親や子どもを取り巻く地域や社会の絆が薄れ、地域や社会全体で親子の学びや育ちを支える環境が崩れてきているのだと考えています。

ならば、私たちがこれまで続けてきた絆を深める取り組みが、家庭の教育力を支援する大きな力になるはずです。さいたま市では教育委員会を中心に家庭教育を支援するさまざまな取り組みを始めており、大きな成果につながっています。次章から、その取り組みについて紹介しましょう。

第4章

さいたま市の教育力。五つのトップクラス

第1節　トップクラス①「学力」

「全国学力調査」からみたさいたま市

文部科学省は全国的に子どもたちの学力状況を把握するために平成19（2007）年度から「全国学力・学習状況調査」を行っています。日本全国のすべての小学6年生と中学3年生を対象に実施するもので、文部科学省の発表によると平成29（2017）年度は、国公私立の小中学校計約2万9千校の児童生徒約203万人が参加しました。

内容は、知識やその活用について聞く教科に関する調査（国語、算数・数学）と、子どもたちや学校に対する生活習慣や学校環境に関する質問紙調査です。

報道などによれば、国語、算数・数学とも、必要な情報を整理して考えをまとめるという思考力や、判断の理由を説明する表現力などを問う問題の平均正答率が低かったとのことです。

一方、さいたま市はどうでしょうか。教育委員会が発表した「教科に関する調査」結果をみると、すべての教科で全国の平均正答率を1・4～3・8ポイント上回っており、おおおむね良好な状況にあります。

私が注目したのは、埼玉県全体や大都市（政令指定都市と東京23区）の平均正答率との比較です。さいたま市の子どもたちはいずれとの比較でも大きく上回っています。

これは推計ですが、さいたま市の小中学校を併せた平均正答率は、政令指定都市の中でトップクラスです。すべての政令指定都市の結果が公表されるようになったのは平成29年度からですが、昨年度も同様だったと思われます。

現在の大学入試センター試験に代わって「大学入学共通テスト」が平成32（2020）年度から始まります。現在の中学3年生が大学受験を迎えるときです。この共通テストでは、記述式が導入されるなど思考力や判断力、表現力が問われると聞いています。新しい学習指導要領でもこれらの力が重視されるとのことです。

さいたま市はこれとは別に独自の学習状況調査も実施しています。これらの取り組みを通じて教育に関する継続的な検証と改善の仕組みを確立し、子どもたち一人ひとりの学力のさらなる向上を目指してほしいと思います。

さいたま市は、なぜ学力が高いのか

なぜさいたま市の子どもたちは、学力が高いのか？

学校教育という視点から見ると授業力向上のための教育委員会による学校訪問や授業研究会が充実していること。そして一見すると、学力とは無関係に見えるさまざまな教育活動が、子どもたちの学びに向かう意欲や自己肯定感を育んでいることが挙げられます。

例えば、市内の全教員約5千人が授業を公開し、指導主事らが指導助言を行うなど、子どもたちの意欲を高め、学力をつける良い授業を展開しています。また、①授業マネジメント、②基礎力アップ、③授業スキル、④アクティブ・ラーニングといった四つの因子に基づいた授業改善の取り組みや、教職員の資質の向上、授業力の向上のために教職員の研究グループである教育研究会と連携した教育講演会や研修大会も実施しています。

また、教職員の世代交代が急速に進む中で、優れた授業技術を有する教職員による「授業の達人大公開」を実施し、若手教員に継承したり、「授業の達人大公開」の動画を教職員、保護者や地域、教員を目指す学生が視聴できるよう、教育研究所のＷｅｂページに公開して、指導技術の継承に努めています。

さらに、全市をあげていじめの防止などの対策を充実しています。「いのちの支え合い」を学ぶ授業や「赤ちゃん・幼児触れ合い体験」などの生命尊重教育の推進を図るとともに、児童の心のサポートの手引きを作成するなど、心のサポート体制の充実を図っています。

また、すべての市立小中学校で舘岩少年自然の家などを舞台にした「自然の教室」の実施、全校で行われている農作業体験を伴う食育の推進、「小１プロブレム」を起こさないための幼稚園や保育所と小学校の教職員との連携や研修、「さいたま市小・中一貫」教育、さいたま市が独自に作成した人間関係プログラムの実施など、多角的な視点からさまざまなプログラムに教育委員会として取り組んでいることが、こうした結果につながっていると考えられます。

さいたま市には全国的にみても先進的な取り組みにチャレンジしてきた歴史がありますす。私は、積み重ねてきたものがさいたま市の学校教育の底力になっていると考えています。さいたま市では今、それらを生かしたさまざまなプロジェクトが教育委員会を中心にして進んでいます。

私はこれらを「日本一の教育文化都市」を目指した取り組みとして大いに期待をしていますし、教育委員会と歩調を合わせて積極的に推進したいと考えています。

それでは、教育委員会を中心にして進められている取り組みを紹介しましょう。

英語教育「グローバル・スタディ」

平成32（2020）年度から全国で実施される新しい小学校学習指導要領で、小学3年生からの英語が教科化されます。これに先立ち、さいたま市では平成28（2016）年度から、すべての市立小中学校で新しい英語教育「グローバル・スタディ」を実施しています。

さいたま市では小学1年生から中学3年生までの9年間を一貫したカリキュラムの下で、「聞く」「話す」「読む」「書く」四つの技能をバランスよく学ぶことで、将来、グローバル社会で主体的に行動し、たくましく豊かに生きる児童生徒を育成します。

私も授業を視察しました。教室では試行錯誤を重ねていて、子どもたちが英語で歌やゲームをしている楽しそうな様子を見ると、私たちの頃とは随分変わってきていると思います。グローバル・スタディで目指すのは、英語を話し、読み書きできるだけでなく、英語で自分自身の考えを伝えること、わがまち、わが国の文化などをきちんと伝え、コミュニケーションできる能力を高めることです。この授業を通じて育まれた力を発揮できるように、ツール・ド・フランスさいたまクリテリウムや世界盆栽大会でも、子どもたちの中から選ばれたジュニア国際大使と外国人の選手や観光客とのコミュニケーションを図る機会をつくりました。こうした体験型の学習機会を強化しています。

また、東京2020オリンピック・パラリンピック競技大会に向けても、なお一層、外国人観光客へのおもてなしやコミュニケーションの機会をつくり、積極的に英語でコミュニケーションできる子どもたちを増やしていきたいと考えています。

平成28（2016）年度英語教育実施状況調査によれば、さいたま市の中学3年生の英検3級以上相当の英語力を有している割合は45・9％で、政令指定都市では千葉市に次いで2番目ですが、平成31（2019）年から行われる英語の「全国学力・学習状況調査」でも政令指定都市で1番になるとの目標を掲げて取り組んでいます。

市立高校の特色のある学校づくりの推進

かつて埼玉県では「十五の春は泣かせない」と県立高校をたくさん新設する時代がありましたが、時の流れとともに少子化が進んだことによる定員割れや、中退する生徒の増加などの問題が顕在化しました。埼玉県は、私が県議会議員の頃からすでに県立高校の統廃合を含めた改革を進めていて、さいたま市でも教育委員会を中心に四つの市立高校をどうすべきか議論を重ねてきました。

さいたま市は昔から文教都市といわれて、教育力の高さが都市の魅力、特長になっている都市です。私は義務教育の充実はもちろんのこと、高校教育の充実が日本一の教育文化都市づくりにとって大変重要なことだと考えています。

教育委員会を中心に進んでいるさいたま市の高校改革は、４校それぞれの魅力や特徴をより明確化する「特色ある学校づくり」を目指すもので、すでに大きな成果が各校にみられます。私には年頃の息子がいることもあって、高校入試の志願状況などに気を留めて新聞を読みますが、市立高校の人気は例年それぞれ高く、市長としては誇らしくもあり、親としては心配したりしています。

市立浦和高を「併設型中高一貫校」に

平成19（２００７）年、市立浦和高校は浦和中学校を併設し、「併設型中高一貫校」として新たな歩みを始めました。すでに1～5期生が6年間の教育課程を修了しており、教育委員会が調査したところ、大きな成果が認められています。

開校時から市内すべての小学校から出願がある、併設する浦和中学校から進学した生徒の93・２％が「学校生活は充実している」と回答する（平成25年5月中高一貫教育検証報告書）など、ニーズや満足度が高いことが分かりました。特に、進学では高い実績を上げていて、東京大学への進学者も増え国公立難関校、私立難関校にも多くの生徒が合格しています。

部活動でも大活躍していて、これも中高一貫教育の大きな成果だと思います。インターアクト部は日本代表として世界学生英語ディベート大会に出場していますし、過去8回、県内最多の全国選手権やインターハイでの優勝を誇るサッカー部は平成25（2013）年にも5年ぶりに県内の強豪を抑えて全国選手権に14回目の出場を果たしています。

大宮西高を県内初の「中等教育学校」に

グローバル先進校として進めてきた大宮西高校については、県内初となる「中等教育学校」に改編し、平成31（2019）年4月の開校を目指しています。中高一貫教育校と中等教育学校の双方を設置する政令指定都市は、さいたま市が全国で初めてです。少子化の時代に「選ばれる都市」としての大きな魅力の一つになるものとして、教育委員会を中心にしたこの取り組みに大いに期待しています。

中等教育学校開校へ向けた特殊な事情から、今年4月、大宮西高校としては最後の入学式が行われました。大宮西高校は、これまでグローバル先進校として積極的な国際交流など、グローバル人材の育成を推進してきました。その実績と活躍があるからこそ、その特色をより強化して中等教育学校が誕生するのだと思います。生徒のみなさんには、その誇りをしっかりと胸に刻み、考え、学び、行動してこれまで以上に充実した高校生活を楽しんでほしいと思います。そして、大宮西高校で学んだことを糧にして、将来は世界を舞台に活躍してください。

中等教育学校とは、中高を一体化させた学校としては中高一貫校に似てはいますが、全生徒に6年間の教育を課すのが特徴で、高校から入学することはできません。小学校卒業後の中学校に当たる3年間を前期課程、高校に当たる残り3年間を後期課程として、中高を一体化させた学校です。6年間の継続的で先を見据えたカリキュラムを実践でき、生徒同士の一体感が一層強まることも期待されます。

また、この中等教育学校は、世界各国の大学受験資格が取得できる「国際バカロレア」の認定校を目指しています。国際バカロレアは、国際バカロレア機構が提供している国際的教育プログラムです。一部の授業や試験が英語で実施され、最終試験に合格すると国際バカロレア資格を取得でき、海外の大学の受験資格として通用します。

教育委員会はすでに準備を本格化しており、先進校へ教員を派遣するなどしています。

浦和南高を「進学重視型単位制高校」に

浦和南高校は平成25（2013）年度から「進学重視型単位制高校」に移行しました。少人数制の授業や進学重視型のカリキュラム編成が特徴です。また、部活動も盛んです。漫画『赤き血のイレブン』のモデルにもなり、6回の全国制覇を誇るサッカー部をはじめ、多くの部が全国大会や関東大会、県大会などで活躍しています。

校庭には人工芝を導入しました。これまでグラウンドの状態があまりよくなく、サッカー部をはじめ運動部の練習が十分できない環境にありました。人工芝化により、部活動の環境改善はもちろん、地域連携型高校の取り組みとして、高校生と地域の方々が共にスポーツにかかわることができる環境が整いました。生徒のみなさんには、このような環境の中で部活動にも勉強にも励み「文武両道」の学校を築いてほしいと考えています。

大宮北高に「理数科」

大宮北高校は平成26（２０１４）年度に理数科を開設。埼玉大学との連携、地域の理数教育の拠点校として取り組んでおり、平成32（２０２０）年度まで文部科学省認定のスーパーサイエンスハイスクール（ＳＳＨ）に指定されています。進学指導重点校でもあり、隔週土曜日には公開授業を実施するなど、魅力的な学校づくりが進んでいます。

また、理数科のすべての生徒にタブレットＰＣを１人１台、無償で貸与し、校内どこでもネットワークに接続可能な無線ＬＡＮを活用した授業や個人研究の利用、また大型電子黒板の設置など、県内公立高校でもトップクラスのＩＣＴ教育環境が整備されています。

さらに、中学生のための先進的科学教育プログラムを大宮北高の生徒が実施するなど、スーパーサイエンスハイスクール（ＳＳＨ）指定校として地域の理数教育の中心としての役割を果たしています。また、オーストラリアや台湾でのサイエンス研修といったプログラムもあります。

三つのＧを大切にする教育

グローバル・スタディや市立高校の改革、中等教育学校の設置など、教育委員会は数多くのチャレンジを積み重ねてきました。その積み重ねこそが、さいたま市の学校教育の底力です。このような中で、教育委員会は、平成29（２０１７）年度、３つのＧを大切にする教育を展開していく方針を打ち出し、新たな取り組みを始めています。

一つ目のＧはGrit、「やり抜く力」で真の学力を育成する。二つ目はGlobal、国際社会で活躍できる人材を育成する。３つ目はGrowth、一人ひとりの成長を支え、生涯学び続ける力を育成するというものです。

Gritは、認知能力と非認知能力で真の学力を育成することです。非認知能力とは、目標に向かって頑張る力や人とうまく関わる力、感情のコントロール力など測れない力のことを言います。認知能力は、ＩＱや学力など測れる力のことです。非認知能力を身につけておくことが、大人になってからの幸福や充実した人生につながるといわれています。自制心ややり抜く力・学びに向かう力・規範意識を育むとともに、自尊感情を醸成していくものです。

Globalは、世界に通用する総合的な力やマインドの育成です。グローバル・スタディの充実、国際バカロレア教育の導入、バラエティに富んだ国際交流の実施、多様性を受け入れつないでいく力の育成、そして自国の文化の理解と発信力を育成していきます。

Growthでは、学校や子どもたちの成長を支えるシステムを構築します。小・中・高・特別支援学校の12年間の連続性を持った指導、学校と子どもたち一人ひとりの成長物語（ポートフォリオ）の作成、生涯学び続ける力を育むものです。

まさに、さいたま市を日本一の教育文化都市にしていく新たな取り組みに大いに期待しているところです。

児童一人ひとりに声をかける

第2節　トップクラス②「生きる力」のある子どもたち

政令指定都市トップクラスの夢や目標を持つ子どもの割合

全国学力・学習状況調査には「生活習慣や学習環境等に関する質問紙調査」という、子どもたちや学校に対する生活習慣や学校環境に関するものがあります。私はこの調査の結果に高い関心を持っています。

注目しているのは子どもたちの「将来に関する意識」「学校生活等」「自尊意識」の項目についてです。私の人生を振り返ったとき、これらが子どもたちの「生きる力」につながるものだと考えているからです。

子どもたちをめぐる環境は家庭が複雑化したり、経済的にも厳しい家庭が増えたりと、決してよい現状とはいえません。しかし、どんな環境にあっても、子どもたちが、夢や希望を持ち続けられるように、また、その夢や希望をかなえられるように「知・徳・体・コミュニケーション」の四つの力をつけて、社会に送り出していくことが私たちの大きな役割です。

それが、私たちが目指しているまちづくりの上でもとても重要なことだと、私は考えています。

調査では「将来に関する意識」について、将来の夢や目標を持っているかを尋ねています。さいたま市の場合、「当てはまる」「どちらかといえば、当てはまる」と回答した子どもの割合は、小学６年生で88・０％、中学３年生で73・７％にもなりました。全国の政令指定都市の中で、小学生は浜松市に次いで２位。中学生は浜松市、仙台市に次いで３位です。

政令指定都市と東京23区の「大都市」では、この割合が全国平均を下回る傾向がありますが、さいたま市の子どもたちは全国平均と比較して、小学生で２・１ポイント、中学生で３・２ポイント肯定的な回答の割合が高くなっています。大都市平均と比較するとその差はさらに大きくなり、小学生で２・８ポイント、中学生では４・１ポイントも高くなっています。

政令指定都市第1位「学校が楽しい」子どもの割合

「学校生活等」の項目では、「学校に行くのは楽しいと思う」という質問に注目しています。さいたま市の子どもたちは、小学生で91・0％、中学生で86・3％が、学校が楽しいと回答しています。これは、「そう思う」「どちらかといえば、そう思う」を合わせた割合です。全国の政令指定都市と比較すると、さいたま市は小学生、中学生ともに第1位です。調査対象は多感な年ごろの子どもたちですから、特に中学生の結果には大変に驚いています。

全国平均と比較すると、さいたま市は小学生で4・7ポイント、中学生で5・4ポイントも上回っています。また、大都市平均と比較しても小学生で4・4ポイント、中学生で5・8ポイントも高くなっています。私が特にうれしく思うのは、この割合が昨年度と比較して、小学生で0・4ポイント、中学生で0・3ポイント上昇していることです。

自分自身を振り返ると、深い悩みを抱えていた時期でもあったので、当時の私にとって学校は楽しくあっただろうかと、現在の子どもたちを羨ましく思います。そして同時に、

平成29年度全国学力・学習状況調査

「生活習慣や学習環境等に関する質問紙調査」結果〈抜粋〉

質問項目		さいたま市		全国	大都市
		市	全国との差		
将来の夢や目標を持っている。（「当てはまる」「どちらかといえば、当てはまる」をあわせた値）	小6	88.0	+2.1	85.9	85.2
	中3	73.7	+3.2	70.5	69.6
学校に行くのは楽しいと思う。（「そう思う」「どちらかといえば、そう思う」をあわせた値）	小6	91.0	+4.7	86.3	86.6
	中3	86.3	+5.4	80.9	80.5
自分には、よいところがあると思う。（「当てはまる」「どちらかといえば、当てはまる」をあわせた値）	小6	85.4	+7.5	77.9	78.1
	中3	80.8	+10.1	70.7	71.1

学校が楽しい子どもたちが育っているさいたま市を誇らしく思います。

ダントツの第1位「自尊意識」が高い子どもの割合

自尊意識とは何でしょう。私は、自分の価値や存在意義を肯定できる感情や意識を意味する「自己肯定感」と考えます。調査は子どもの自尊意識を問うために、「ものごとを最後までやり遂げて、うれしかったことがある」「難しいことでも、失敗を恐れないで挑戦している」など、いくつかの質問項目を設けています。この中で、私が注目しているのは自己肯定感につながる「自分には、よいところがあると思う」という質問です。

さいたま市の子どもたちは、「当てはまる」「どちらかといえば、当てはまる」と答えた割合が小学生で85・4%、中学生が80・8%と素晴らしい結果になりました。全国平均と比べると、小学生で7・5ポイント、中学生にいたっては10・1ポイントも上回っています。また、大都市平均と比較しても小学生で7・3ポイント、中学生で9・7ポイント上回っています。

政令指定都市の中では、小学生、中学生ともにさいたま市が第1位。特に中学生は2位の浜松市を3・2ポイントも上回りました。

国立青少年教育振興機構が全国の高校生を対象に実施した調査（平成27年8月28日公表）は、日本の高校生の自己肯定感は米国、中国、韓国の高校生と比較して低い状況にあると指摘しています。さいたま市の子どもたちの高い自己肯定感を思うとき、家庭はもちろんですが、教育委員会や学校現場のみなさんの努力と、学校を支えていただいている地域のみなさんの力が大きいと感じます。

「未来（みら）くる先生」の授業を全校で実施

教育委員会の事業に「夢工房　未来（みら）くる先生　ふれ愛推進事業」があり、大変好評です。それは文化芸術スポーツなどの分野でトップレベルの実績がある方、さいたま市にゆかりのある方などを中心に講師をお願いして実施するものです。

私の市長就任後の平成23（2011）年度以降、すべての市立幼稚園、小・中・特別支援学校で実施していただくようになりました。

私自身のこれまでを振り返ると、人との出会いが人生の転機になったことが幾度かあります。本を読んだり、勉強したりすることは大切なことですが、人から受ける刺激はひょっとすると、生きる力を養う上ではもっと重要なことかもしれません。

プロスポーツ選手になりたい。芸術家になりたい。シェフになりたい。未来くる先生との出会いは、子どもたちの将来の夢や希望を育てる、文字通り「ミラクル」な機会だと思います。一方で、私は子どもたちに夢を実現する苦労や努力する素晴らしさについても、未来くる先生から学んでほしいと願っています。

未来くる先生には、卒業生や地域のみなさん、プロスポーツチームやさいたま観光大使など多くのみなさんに協力いただいています。講師の選定などのご苦労を思うと、校長先生をはじめとする関係者のみなさんの尽力には頭が下がります。一方で、多くの方から支えていただける関係を築いている、ということがさいたま市の学校が持つ教育力の一つで

小さな子どもたちへ紙芝居を披露

あろうと頼もしく感じます。
今後は取り組みをさらに進め、授業が終わった後も、せっかく結ばれた未来くる先生と子どもたち一人ひとりの絆を大切にして、自分の夢を実現するためにどうすればよいかをしっかりと考え、そして、行動に移せるためのプログラムがしっかりと構築されることを期待したいと思います。

中学生に望ましい勤労観や職業観を育み学ぶことの意義を考えさせる職場体験「未来（みら）くるワーク体験」、盆栽教育、「人形のまち岩槻」ならではの人形集会や人形クラブなど、地域の特性を生かし、地元と密着した教育に取り組んでいる学校もあります。また、「体育活動時等における事故対応テキスト～ASUKAモデル～」による教職員研修や、小学5年生以上全員に対する心肺蘇生法実習、WHOによるインターナショナルセーフスクールの認証を政令指定都市の市立学校で初めて受けた慈恩寺小学校の取り組みを他の学校に広げる安全な学校づくりにも取り組んでいます。さらに、青少年宇宙科学館では、さいたま市出身の宇宙飛行士、若田光一さんの功績を称え、子どもたちの宇宙や宇宙飛行士に対する興味・関心を高めることを目的に若田宇宙プロジェクトを実施しています。子どもたちの夢や目標、そして命の大切さ、ふるさとへの誇りにつながる教育が生きる力の源になっていくのだと思います。

子どもたちの高い意識を支える地域

さいたま市には学校や子どもたちを支えていただく仕組みや事業がたくさんあります。チャレンジスクールやスクールサポートネットワーク（ＳＳＮ）、学校安全ネットワークなどが代表的なもので、これらの活動を通して、地域のみなさんが子どもたちを支えています。たくさんの地域の方々が学校や子どもたちにかかわることで、子どもたちは親や学校の先生とは少し違った人間関係を持つことになるでしょう。こうした多様な人とのつながりや関係が、夢を持つことや自己肯定感につながっていると思います。そして、時にはしっかりと指導し、時には褒めていただくことで、子どもたちは生きる上で大切なことを学んでいるのです。

それこそが地域の教育力であり、「夢や目標がある」「学校が楽しい」「自分にはよいところがある」という子どもたちの素晴らしい意識を育てていると、私には思えます。次節では、トップレベルの地域の教育力について紹介します。

第3節　トップクラス③「地域の教育力」が支える

地域の教育力に気づき発信する

前節で、たくさんの地域のみなさんがボランティアとして子どもたちにかかわっていただいていると紹介しました。そして、その力が素晴らしい子どもたちを育てていると指摘しました。こうした活動の重要性を感じたのは、私の息子たちが小学生の時、ＰＴＡ会長やお父さんの会の活動に携わった経験からです。

多くの学校で、ＰＴＡの役員を決めるために大変にご苦労されていると聞きます。ＰＴＡ不要論や「ＰＴＡはやりたい人にだけお願いすればいいのでは」といった議論をする方々もいます。しかし、私は、ＰＴＡ活動は親が子どもと一緒に親として成長していくためにも必要だと思っています。

ＰＴＡ活動をしている時のことです。当時小学生だった息子の友人で、学校でもおとなしく、自分のことを表現するのが少し苦手なA君がいました。わが家にも何度か遊びに来たことがあります。A君は、お母さんとおばあちゃんとの３人暮らし。お母さんが一家を支えるために一生懸命働いており、昼間はおばあちゃんがA君を世話しているとのことでした。お母さんは仕事が忙しく、休みもなかなか取れなかったのでしょう。授業参観をはじめPTAの活動にも参加することができないでいました。

ある時、校庭の側溝が砂で詰まって水はけが悪くなり、PTAや校庭を利用しているスポーツ団体の皆さんが側溝を掃除することになりました。清掃活動日、A君のお母さんも都合がついて、参加してくれました。

A君のお母さんは顔を泥だらけにして汗まみれです。みると、A君も大人に交じって談笑しながら、一生懸命に清掃を手伝っています。こんなに明るい子だっただろうか。私には、引っ込み思案の普段の様子からは想像できない姿に見えました。

A君をしばらく見つめていて、私は気づきました。一生懸命に汗を流すお母さんの背中が、きっとA君を笑顔にしたのです。満面の笑みは、自分の母親を誇らしく感じた証なのだと思いました。A君は子どもなりに、母親が仕事で忙しいことを知っていたに違いありません。その母親が学校のために、自分のために一生懸命働いている。その姿に心動かされたのだと思います。

私も子どもの頃、同じような経験や思いをしたことがあるので、A君の気持ちがよく分かりました。A君のお母さんの姿やA君の様子を見て、私はこれこそがPTA活動だと思いました。PTA活動は、子どもの成長にとっても、親にとってもとても大切なことを学ぶ場なのです。

私は、PTA活動とともに、お父さんにも参加を募ろうと、「お父さんの会」の活動強化にも努めました。子どもの運動会で場所取りや撮影係に徹している姿に、地域では知り合いが少ないのかもしれないと感じていたからです。

同じ世代の子どもを持つ父親同士の交流を深めること、社会でバリバリ働いている力を学校のために使ってもらうこと、さらには子どもたちと同じ体験を共有することなどを目指して、年に3回ほどだった「お父さんの会」の活動を年10回ほどに増やしました。50名を超えるお父さんたちと一緒に、学校のために、子どもたちのために活動しました。校内のペンキ塗りや清掃活動、防災キャンプ、竹馬づくり、流しそうめん、鉄棒の逆上がりを

チャレンジスクール。笑顔が輝いている

指導する教室などに取り組み、たくさんのパパ友もできて楽しく、貴重な時間を過ごすことができました。また、竹馬づくりや防災キャンプなどでは、地域の方々から協力を得てご指導いただくなど、学校と家庭と地域とが身近な存在になり、理解し合うことができました。

子どもたちや学校のためにならと多くの方々とつながることができたことは、貴重な経験であり、そこからさまざまなヒントを得て、今日の政策の原点にもなりました。学校と家庭と地域との協力こそが、子どもたちへの教育力の向上につながっていくということを強く感じています。

では、地域のみなさんがかかわっているボランティアの数は、どれほどの規模なのでしょう。教育委員会を中心にした三つの取り組みについて紹介します。

チャレンジスクールとボランティア

さいたま市では教育委員会が推進力になって、市立小中学校全校でチャレンジスクール推進事業に取り組んでいます。小学校では「放課後チャレンジスクール」と「土曜チャレンジスクール」が、中学校では「土曜チャレンジスクール」が行われています。

放課後チャレンジスクールは少し前の「放課後子ども教室」のことで、放課後や週末などに小学校の余裕教室などを活用して、子どもたちの安全・安心な居場所をつくり、地域のみなさんの協力を得て、子どもたちと一緒に勉強やスポーツ、文化・交流活動などを実施しています。

土曜チャレンジスクールは、希望する子どもたちを対象に宿題や補習などの自主的な学習を支援するもので、文字通り土曜日などに実施されています。

参加しているボランティアは、平成28（2016）年度には延べ5万2882人、参加している子どもたちは延べ19万1404人に達しています。私がうれしく思うのは、子どもたちや保護者、ボランティアのみなさんの満足度がとても高く、よくみると、参加した子どもたちよりもボランティアや保護者のみなさんの満足度がさらに高いことです。

例えば、平成28（2016）年の「土曜チャレンジスクール」のアンケートによれば、参加児童の満足度は95・6％でした。これに対し、保護者の満足度は98・4％、ボランティアは99・5%にも達しています。

ここまで育ったチャレンジスクール

先述しましたが、私が市長になる前、チャレンジスクールの前身に当たる事業が一部の学校で取り組まれており、私も保護者として、PTA会長としてその事業にかかわりました。その経験から、これをまちづくりに生かそうと考えてきました。私が市長になって、チャレンジスクールは市内の全小中学校で実施されるようになりました。計画に沿って段階的に実施されたとはいえ積極的な推進でしたので、賛否両論、さまざまな声をいただきました。特に中学校では部活動との兼ね合いがありますので、小学校よりも乗り越えなければならないハードルが高かったように思います。

チャレンジスクールの運営主体は地域やNPOのみなさん、実行委員会などです。理想と実際にできることとのはざまで試行錯誤するご苦労は並大抵ではなかったと思います。

一方、教育委員会や私たちは、先にも紹介したように学校地域連携コーディネーターを配

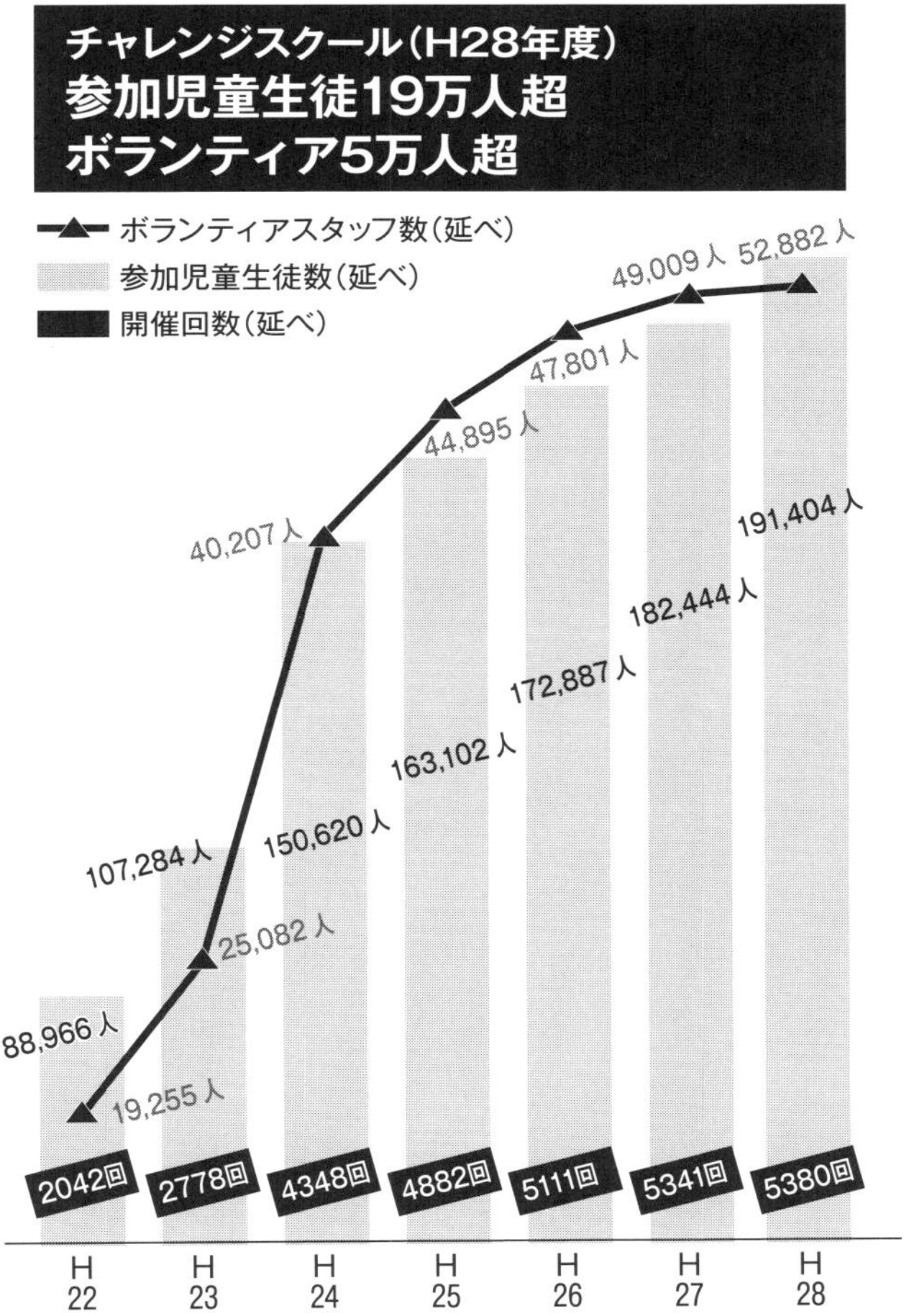
チャレンジスクール（H28年度）
参加児童生徒19万人超
ボランティア5万人超
ボランティアスタッフ数（延べ）
参加児童生徒数（延べ）
開催回数（延べ）
88,966人
107,284人
150,620人
163,102人
172,887人
182,444人
191,404人
19,255人
25,082人
40,207人
44,895人
47,801人
49,009人
52,882人
2042回
2778回
4348回
4882回
5111回
5341回
5380回
H 22
H 23
H 24
H 25
H 26
H 27
H 28

置するなどして円滑化に努め、地域のみなさんと一緒に多くのものを積み上げてきました。気づいたのは、苦労や煩わしさの先にある喜びでした。それこそが、私が思う絆の本質です。チャレンジスクールを振り返ると、地域の教育力を高めていく上でとても重要な役割を果たしていると感じています。また、コミュニティの再生、地域の絆を深める大きな力になっていると思います。

スクールサポートネットワークとボランティア

スクールサポートネットワーク（ＳＳＮ）は、地域ぐるみで子どもを育てるため、学校とＰＴＡ、ボランティアや地域諸団体、社会教育施設、行政機関などを結ぶネットワークです。学習支援、安心・安全活動、環境整備、部活動指導など学校支援ボランティアとして協力をいただいています。

その数は、平成28（２０１６）年度には3万１４９７人に達しました。

ＳＳＮの活動を推進するに当たっては、学校と地域のさまざまな団体などをつなぎ、連

学校支援ボランティア（H28年度）3万人超

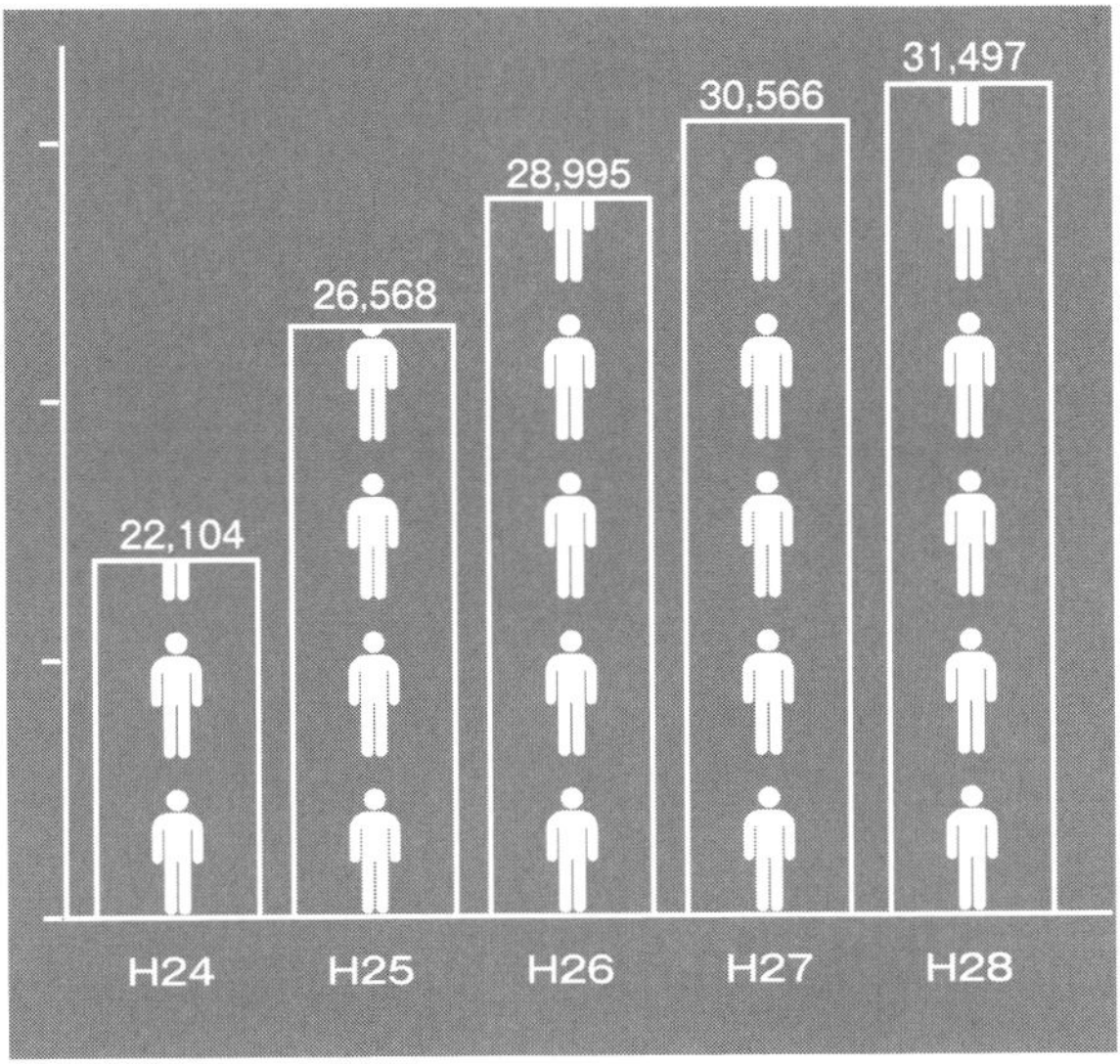

絡や調整を行う必要があります。そのため、教育委員会は「学校地域連携コーディネーター」を市立小・中・特別支援学校の全校に配置しています。そして、このコーディネーターが学校と地域をつなぐ上で、非常に大きな役割を担っています。コーディネーターには校長先生や市職員のOB、またPTA役員経験者や地域で活躍している方々になっていただいています。このコーディネーターこそが、その地域力を生かし、学校と地域をつないでくれているのです。

学校安全ネットワークとボランティア

子どもを不審者による犯罪から守るため、市立小学校では教職員のみなさんによる取り組みだけでなく、PTAや地域のみなさんと連携しながら子どもたちを見守る「学校安全ネットワーク」を進めています。多くの目で子どもたちを見守ることは、通学区域全体の安全性を高めることにもなります。

平成29（2017）年度には、学校安全ネットワークに登録している防犯ボランティア

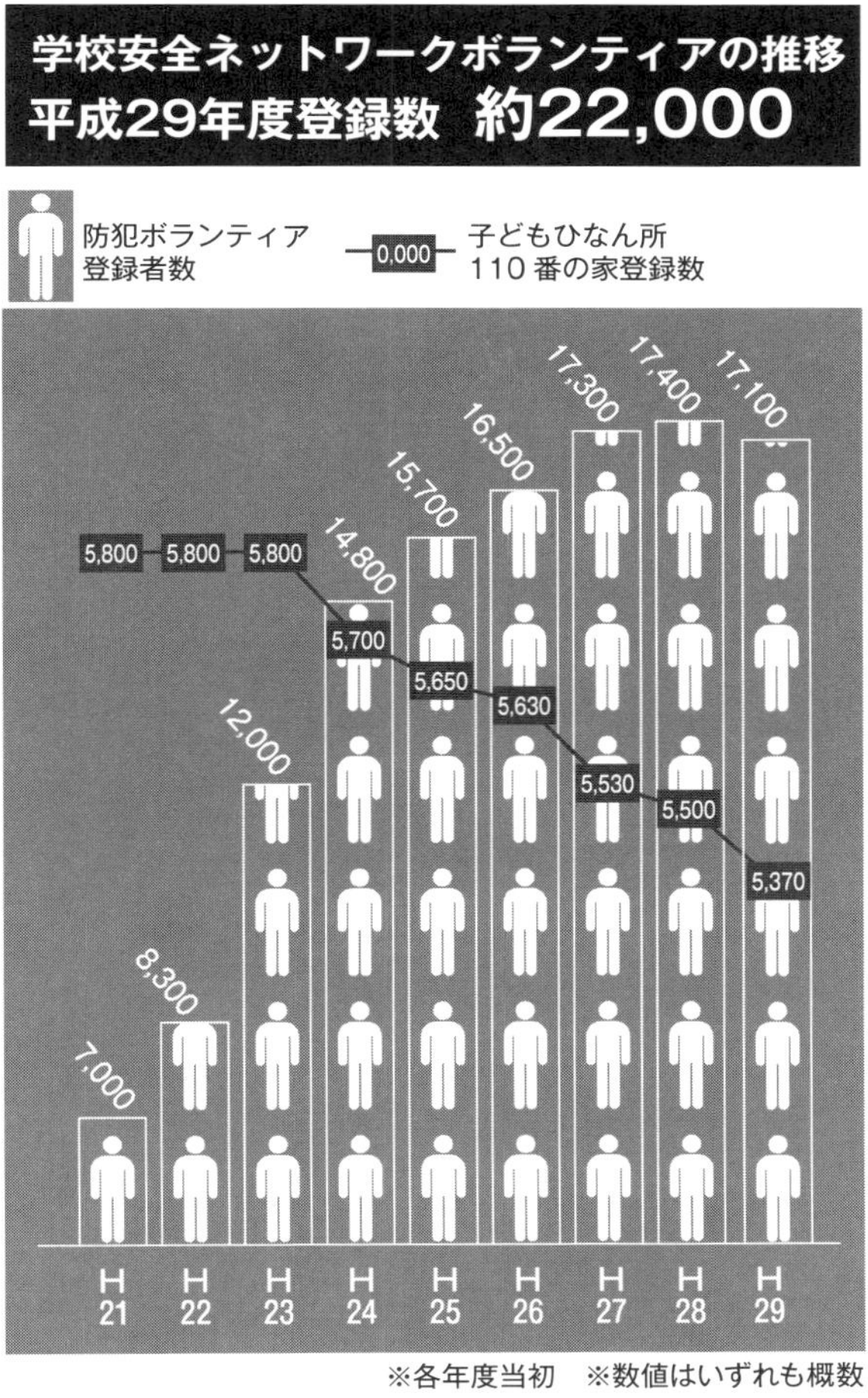
学校安全ネットワークボランティアの推移
平成29年度登録数　約22,000
防犯ボランティア登録者数
0,000
子どもひなん所 110番の家登録数
7,000
8,300
12,000
14,800
15,700
16,500
17,300
17,400
17,100
5,800
5,800
5,800
5,700
5,650
5,630
5,530
5,500
5,370
H21
H22
H23
H24
H25
H26
H27
H28
H29
※各年度当初　※数値はいずれも概数

は1万7100人、「子どもひなん所・110番の家」の登録数は5370カ所にもなりました。

また、配達や運送などで市内を巡回している事業者のみなさんとも「子ども安全協定」を締結してネットワークを強化しています。事業者数は73事業者、車両数は約2万700台にもなります。いずれも平成29（2017）年4月1日現在です。

このように、子どもたちの安全を守るために市民、事業者のみなさんに力を合わせていただいています。そして、こうした活動が犯罪を未然に防いでいるのです。

特別取材

上大久保中学校チャレンジスクール

学習アドバイザー　志村　巌さん

教室コーディネーター　髙柳裕美さん

学校と地域の協働で高まる「教育力」

市内の全小中学校で実施されているチャレンジスクール。中学校では部活動との関係もあって学習支援を中心に取り組まれることが多いようです。上大久保中学校では「上チャレ」と呼ばれ、6年目を迎えました。その活動が全国の模範として認められ、平成29（2017）年度文部科学大臣表彰を受けました。

◇　　◇

チャレンジスクールは小学校と中学校とでは内容が大きく違います。「上チャレ」の教室コーディネーター、髙柳裕美さんはこう話します。

「学習支援が主な目的ですから、生徒にとっては楽しい内容ばかりではないかもしれませんね。また、学校で先生から学ぶ勉強とも違います。上チャレならではの支援をするために一人ひとりに手をかけて、深くみてあげることを心がけています」

今年度の上チャレには前期120人、後期95人の生徒から申し込みがあったと聞きました。全校生徒約550人ですから、人気の高さが分かります。「一人ひとりを深くみる支援」をどう実現しているのでしょう。

勉強を指導する学習アドバイザーの登録は35人。加えて実行委員が10人、PTAの協力を得て学習を見守る安全管理員が15人、その他に協力してくれるボランティアが数人いて運営を担っています。総勢60人以上にもなり、特に運営体制の充実が特長です。髙柳さんが務める教室コーディネーターの存在が特徴的だと聞きました。

「生徒は学力も意欲もまちまちですし、参加する目的もその子なりです。学習アドバイザーは同じ子を毎回みられるわけではありません。生徒の変化を把握して声をかけたり、励ましたりするのは安全管理員の役割。そのボールを受け止めて、学習アドバイザーへトスを上げるのが教室コーディネーターの仕事でしょうか。うまくトスを上げるのは難しいですが、一人ひとりに手をかける支援につながっていると思います」

上チャレは月に2～4回、放課後に行われることもあります。学習内容は試行錯誤しており、定期試験対策だけでなく「漢検」や「数検」にも取り組みます。学習アドバイザーは大学生や元教員、ＰＴＡの保護者などで、生徒一人ひとりの水準に合わせた学習支援をしています。上チャレが始まって丸5年。素晴らしいことに、一期生が大学生になって学習アドバイザーとして戻ってきていると聞きました。

上チャレの立ち上げにかかわり、学習アドバイザーも務めている志村巌さんによれば、取り組みが進むに連れ、学校の先生方の様子も変わってきたそうです。

「放課後にも行っているので、部活動の合間に生徒の様子をのぞきに来てくださる先生方が増えてきました。時には自主学習の内容にまで関心を持って、積極的に学習指導してくださることもあります。本当にありがたいことです」

志村さんの元には卒業生から連絡が入ることもあって、上チャレに戻ってくるきっかけにもなっているようです。思えば学校の先生には異動がありますが、地域の人は変わることがありません。学校が地域へ開かれる意味や、開かれて起こる地域や学校の変化、何よりも生徒たちの変化が伝わってくるエピソードです。

チャレンジスクールで文部科学大臣表彰

10年後にあるべき地域の姿について、志村さんに尋ねました。

「心が健全な地域であってほしい。それは、地域の人が互いに努力して次の世代へ地域を受け継ぐことです。学校はその要。私も何かしらお手伝いしていたいものです」

学校と地域の協働で起こる教育力の高まりを感じる言葉です。

特別取材

鈴谷小学校スクールサポートネットワーク

鈴谷小学校後援会
会長　遊馬幸雄さん

鈴谷小スクールサポートネットワーク協議会
議長　冨澤　洋さん

学校と子どもを地域が支え、元気をもらういい関係

学校に潤いを、と地域のみなさんが植えた木々。今は大きく育って、秋にはたくさんの実をつけます。その実を拾って昔の遊びを子どもたちに教えるのも地域のみなさんです。学校と子どもを応援する歴史と熱意が今も息づく鈴谷小学校を訪ねて、スクールサポートネットワークの活動などについて聞きました。

◇　◇

鈴谷小学校にはPTAのほかに「後援会」という組織があります。地域のみなさんが会員で、鈴谷小スクールサポートネットワーク（SSN）の源流です。聞けば、開校して間もなく始まった地域の活動が後援会誕生につながりました。後援会の会長を務める遊馬幸雄さんは、こう話します。

「鈴谷小の開校当時は住宅開発が進み始めたばかりで、周辺は田んぼと雑木林。まだまだ農家が多かった時代です。学校開設は地域の念願でしたから、子どもたちの心を潤そうと殺風景な学校の敷地に木を植えることになりました。近隣の農家が総出で屋敷内や畑にあった木を移植しました。私の父親の時代ですから、荷車で運んだそうです」

地域のみなさんは植樹しただけでなく、その後も木の生長に合わせて下草刈りや剪定など学校の美化活動に協力を続け、やがて後援会設立へ。そして、SSNへと結びつきました。後援会が全校にあるのは中央区の特長で、学校を支える地域の力を感じます。

「SSNの活動は、自分たちの学校だという地域の思いと、子どもたちのために続けていこうという地域の熱意が根っこにあります」

SSNとしての活動が始まったのは「7～8年前」といいます。自前の木を運び学校に植えたことに始まる学校を応援する取り組みは、地域のみなさんにとって後援会、SSNと枠組みの名前が増えただけのことなのかもしれません。ずっと変わらない学校や子どもたちを支える活動なのでしょう。

鈴谷小SSN協議会議長の冨澤洋さんは、鈴谷小地域防犯ボランティア代表で、鈴谷第自治会の会長でもあります。当初は育成会としての非行防止の夜間パトロールだった活動が、現在は下校時に子どもたちの安全を見守る活動へと姿を変えました。地域のみなさんが自宅前に立って子どもたちを見守る活動のほか、月に1回の防犯の日には正門から子どもたちと一緒に下校する活動にも取り組んでいます。

「うちのお母さんはこうなんだよ、などと子どもたちが素直にいろいろな話をしてくれるようになりました。恥ずかしがっていた子が声に出して挨拶できるようになると、成長が感じられて、わが子のようにうれしくなります」

毎年3月、学校が感謝の会を開いてパトロールのボランティア全員を招いてくれるそうです。「壇上に並んで、子どもたちがお礼の手紙を手渡してくれます。手書きの手紙がとてもうれしくて励みになります」と、冨澤さんは目を細めます。

秋、小学1年生を対象にどんぐりごまづくりが行われます。材料のドングリは校庭で拾い集めます。かつて地域のみなさんが運んで植え、育った実です。昔の遊びを指導するのはもちろん地域のみなさん。子どもたちから「どんぐりごまの先生」と呼ばれて、大好評

うまく回るかな？　楽しそう

だと聞きました。

体験の中では、学校や子どもたちを応援してきた地域の歴史や、今も変わらない思いや熱意を伝えています。

2人は「学校が元気になれば、地域も元気になる。子どもたちに元気をもらっているのは私たちなのです」と口を揃えます。地域と学校、子どもたちが互いに支え合ういい関係が感じられ、微笑ましい気持ちになりました。

特別取材

三橋小学校　学校安全ネットワーク

三橋４丁目自治会のみなさん

子どもの安全を守る気骨。若い世代へ伝える絆

子どもたちを守る学校安全ネットワークが誕生する以前から、地域の有志が活動を始めていた三橋4丁目。自治会へと引き継がれたのは、子どもたちの安全を安定して守り続けるためでした。「地域の力」を若い世代へ引き継ぐために背中を見せたい。自治会のみなさんに大勢集まっていただき、話を聞きました。

◇

◇

この地域には子どもたちの安全を守ってきた長い歴史がある、と口火を切ったのは金子守之さん、三橋4丁目自治会の会長です。始まりは地元有志による自主的な見守り活動でした。活動資金を捻出するためにお金を出し合ったと聞き、頭が下がりました。その後、メンバーの高齢化などから継続性を確保するため、自治会が引き継ぎました。

三橋小学校は国道17号バイパスの東側にあり、三橋4丁目の子どもたちは広い道路を横断して毎日通っています。通学時の安全確保は最重要事項。朝は交通指導員が、下校時は学校安全ネットワークのボランティアが子どもたちを見守ります。メンバーは防災行政無線が流れると準備を始めると聞きました。

「交差点などに立って見守りながら声かけも大切にしていて、こんにちは、お帰りなどと挨拶します。新入生は恥ずかしいのでしょう、最初はなかなか声が出ない。それが半年もすると、ただいまと大きな声で返してくれるようになります。地域に子どもの声が聞こえるのはうれしいもので、子どもたちの成長が楽しみです」

ボランティアのみなさんはポケットに絆創膏を忍ばせています。「子どもは歩道橋などでよく転ぶから。気休め程度だが、貼るだけで痛みが遠のく」と、長く続けているからこその心づかいに感心しました。活動はこうした子どもたちとのエピソードに溢れています。

「お腹が痛い、トイレに行きたい」と訴えてくるのは日常茶飯事とか。近所のお店や会社へ連れ添って、すっきりした子どもに声をかけます。

「お礼をきちんと言えた?」

学校の先生、お父さんやお母さんとは異なる人間関係が地域社会にあることがよく分かります。こうした地域の絆に支えられて日々成長できる子どもたちの「しあわせ」を大切にしたい、もっと育てたいと思わずにはいられません。

三橋4丁目に住み続けたいと思う人を増やしたい、という声が多くありました。自治会加入率は約48％と聞き、集まった方たちの複雑な気持ちを感じましたが、その一方で、学校安全ネットワークが子育て中の若い世代と地域をつなぐ手がかりになっていると聞き、心強くなりました。

この地区は運動会を開くなど自治会活動が盛んです。見守り活動のついでにチラシを手渡し、遊びにおいでと子どもたちを誘っているとか。開催5回を数える子ども会の餅つきは、自治会が全力で応援しています。金子さんはこう話してくれました。

「自治会がついた餅を食べに来るのでは意味がありません。若い親御さんが自分の手でついた餅を子どもに食べさせることが大事なのです。しっかりサポートするから子どものために汗をかく親の背中を子どもに見せてやってほしい。自治会は絶対に逃げないから、一

お帰り！　子どもたちに声をかける

緒にやろうと若い世代に伝えました」

地域にしっかり根を張って生きるみなさんの力のある言葉です。「若い親たちがこの地区に住み続けて、やがて学校のため、子どもたちのため、地域のために自治会活動へ協力してほしい」と、みなさんが口を揃えます。若い世代へ見せたかったのはきっと、地域を支えてきたみなさん自身の背中なのでしょう。子どもたちの安全を守ってきた長い歴史を持つ地域の気骨を感じました。

第4節　トップクラス④「おいしい給食」が支える教育力

政令指定都市唯一。全小中学校で「自校方式給食」

異物の混入や大量の食べ残しなどの問題からデリバリー式の給食が話題になりました。また、多くの都市が、複数の学校の給食を一括して調理する「センター式」を採用していますし、全国には給食を実施していない学校もあります。そうした中で、私は学校給食がさいたま市の教育力の大きな特長だと考えています。

さいたま市では市立小中学校の全校に給食室があり、「自校方式給食」が実施されています。これは、全国の政令指定都市の中でさいたま市だけです。合併した当時、給食室は一部の学校だけに整備されていましたが、その後、各学校に給食室を整備し、平成27（2015）年に160校すべてに設置することができました。行財政改革を強力に進めているさいたま市ですが、自校方式にこだわり、安全で温かくておいしい給食を子どもたちに食べてもらおうと取り組んできました。

日本一安全でおいしい給食

さいたま市の給食には自校方式だからこそできる食育としてのさまざまな工夫があります。食育はもとより地域の歴史や文化、農業、そして世界とのつながりなどについて学ぶ機会になっています。地産地消の推進もその一つで、食材には地元産、地域産の農産物をできるだけ使い、米飯給食にも積極的です。

中には、「地元シェフによる学校給食」という興味深い取り組みがあります。市内にある一流のホテルやレストラン、料理店などからシェフを招いて、献立づくりからはじめ給食を調理してもらっています。給食はお店とは違って前日に下準備や仕込みができません。その日にすべてを調理するわけですから、普段と違ったご苦労があると思います。

素晴らしいのは、シェフが学校近くで収穫される食材、学校や地域の歴史について調べたり、学んだりして献立づくりに生かしていらっしゃることです。普段から給食の完食率が高いのですが、この日はさらに良くなると聞いています。また、その日の味が忘れられなくて、子どもたちはきっと自宅に帰ってから話題にしているのでしょう。「あの給食をつくって」とお店に出かける家庭もあると聞いています。

「地元シェフによる学校給食」は平成28（２０１６）年度までに延べ１２６校で実施しました。これまでは年間に20校程度ですが、今後はさらに年間10校程度増やせるよう努力したいと考えています。

また、給食を通した交流も盛んで、地域や生産者のみなさんにも給食を食べる機会を設けています。最近話題になっているヨーロッパ野菜の生産者との給食交流、ツール・ド・フランスさいたまクリテリウムやサッカーワールドカップの開催に合わせた給食などは、子どもたちが食を通して世界を身近に感じ、知る絶好の機会になっていると思います。

こうした給食の教育力を支えるのが、栄養教諭や学校栄養職員などの給食にかかわるみなさんです。毎日の献立を熱心に考え、それぞれの学校で特色のあるものが計画的に提供されています。おいしい給食は子どもたちに大変好評で、給食のレシピを子どもたちへ配布している学校もあると聞いています。給食の味が家庭にも広がれば、保護者のみなさんにさいたま市の農業、文化や歴史などを知っていただく機会にもなるはずです。

また、さいたま市では、すべての小・中・特別支援学校で学校教育ファームを実施しています。学校の敷地内、あるいは校外に畑などを設け、子どもたちが農作業を体験する食育にも取り組んでいます。

「自校方式」を生かして、さらに

子どもたちは小中学校の９年間にわたって給食を食べます。父親として感じるのは、その食体験が子どもたちの味覚を育てる上で重要な役割を担っているということです。また、栄養バランスや健康、体をつくることなど、食べることの大切さを学ぶ重要な機会でもあるでしょう。

さいたま市は積極的な行財政改革を進めて、歳出を抑える努力をしています。しかし、削減するだけではありません。私は、さいたま市は給食にこだわり続けるべきだと強く考えています。

みんなで楽しく食べるおいしさを知ることは、家庭や仲間の大切さに気づくきっかけになり、食の向こう側にある地域の文化の歴史、生命やつくる人への感謝につながるからです。自校方式であれば、より温かくて真心のこもった給食を提供できます。食材を提供してくれる地域の農家の方々の顔も見えます。教育委員会の努力があって、さいたま市の給食にはすでに多くのみなさんにかかわっていただいています。そこで生まれた絆が素晴らしい子どもたちを育てる教育力を支えていると、私は思います。

第5節　トップクラス⑤「図書の貸出点数※」支える本との出合い

※人口1人当たりの貸出点数

本よりスマホ？　読書離れへの取り組み

子どもに限らず全国的に読書離れが指摘されています。文化庁が平成26（2014）年3月に実施した「平成25年度国語に関する世論調査」では、本（マンガや雑誌を除く）の1カ月の読書量について、1冊も「読まない」(不読率）との回答が最も多く、47・5％に上りました。平成21（2009）年に実施した前回調査に比べ、1・4ポイント増加しており、読書離れが浮き彫りになりました。

背景には携帯電話やスマートフォン、インターネット、ゲーム機などの普及による生活環境の変化や、情報へのアプローチ方法が紙媒体から電子媒体へ急速に変化していることを如実に表しているように思えます。

さいたま市では、教育委員会を中心に「さいたま市子ども読書活動推進計画」を策定するなどして、すでに積極的な対応を進めています。子どもが読書の楽しさ面白さ、大切さを知ることができるように家庭、地域、図書館、学校などが連携して「日本一の読書のまち」を目指しています。

学校図書館司書の全校配置とボランティア

さいたま市には、図書館が25館（うち４館は平成30年３月まで改修のため休館中）あります。所蔵資料点数は３６６万点で、年間の貸出点数は１千万点を超えています。

これらを他の大都市と比べてみましょう。平成29（２０１７）年度のさいたま市図書館要覧をみると、平成27（２０１５）年度における図書館の数は全国の政令指定都市の中で第１位。また、市民１人当たりの貸出点数、予約件数ともに政令指定都市の中で第１位です。

これらの成果は、先ほど指摘した家庭、地域、図書館、学校などの連携に支えられているのだと、学校訪問や現場訪問を通じて感じています。学校訪問の際、朝読書の時間に児童生徒が持参した本や、図書館で借りてきた本を真剣に読んでいる姿をよく目にします。

教室や廊下など、校内のさまざまな場所にも本が置かれ、子どもたちが本を手にしやすい環境がつくられています。また、先生やすべての小中学校に配置されている学校図書館司書、そして子どもたち自身が推薦する本を紹介する文章が図書館や廊下などに掲示されたりもしています。さらに、読んだ本を書き込んでいく読書手帳、本の感想を述べ合うビブリオバトルなどの取り組みが行われています。学校の図書館にない本は市立図書館から学校に送られて子どもたちが読むことができるように、学校と市立図書館の連携が図られています。図書館や読書をめぐって、その力を十分に引き出し、生かすためにはさまざまな要素があると思います。現場をみて、現場のみなさんと話して感じるのは、こうした読みたくなる環境づくりや授業での図書活用、ボランティアなどの人材などといった要素が、足し算ではなく、掛け算のようにして大きな力になっていくことです。

息子が小さかった頃、布団の中で読み聞かせた石井桃子さんの『おそばのくきはなぜあかい』という本を息子が大好きになって、毎週、自ら図書館に足を運び、さまざまな本を手あたり次第に読みあさっていたことがありました。聞くと、図書館司書の方に相談して取り寄せてまで読んでいたそうです。本との出合いはどこにあるのか分かりませんから、

学校の図書館はワンダーランド

大事に育てたいものです。

今、学校では朝読書の取り組みやボランティアによる読み聞かせの場づくりなどが進んでいます。また、学校図書館はまるで本のワンダーランドのようです。さいたま市は、市立の小中学校全校に学校図書館司書を配置しています。これに加え、読み聞かせボランティアのみなさんなどの協力をいただいて、読んでほしい本を集めた展示や本を紹介する手製のチラシやポスター、飾り付けなどで、本との素敵な出合いを演出する工夫がされています。その様子は私が子どもの頃とは全く違っていて、たくさんの子どもたちが学校図書館を利用しています。

こうした環境の中で育っているので、さいたま市の子どもたちは大変読書好きなのだと思います。

特別取材

桜木小学校読み聞かせボランティア

肝付ひとみさん

寺井佳奈子さん

本を身近に。本と出合い、好きになって

朝の時間などに絵本や短い物語を子どもたちに読み聞かせる活動があります。桜木小学校では1～4年生と特別支援学級に月1回、高学年には年に1回行われています。ボランティアは総勢26名。地域の方や保護者が読み手として参加しています。ボランティアに取り組む肝付ひとみさんと寺井佳奈子さんに話を聞きました。

◇　◇

私も訪問の機会に学校や幼稚園、保育所などで読み聞かせに挑戦したことがあります。読んで子どもたちへ伝えることは思うほど簡単ではありません。特に絵本は短い言葉なので、読み方や表現の仕方が難しいものです。肝付ひとみさんは、子どもたちの様子をこう話します。

「桜木小は朝の15分間が基本です。低学年だと数冊を読みますが、子どもたちは本当によく集中して聞いてくれます。支援学級の子どもたちも同じ。集中しているのは読んでいて分かりますから、とてもうれしいものです。同じ本を読んでもクラスによって反応が違っていて面白いですね。その違いから普段の学校生活の様子を想像したりします」

読み聞かせは、子どもにとって本の面白さと出合うきっかけと話すのは寺井佳奈子さんです。女性が多いボランティアの中で、お父さんも参加することがあるといいます。選ぶ本も違うし、力強さも違うのでしょうか。

「特に低学年は反応が素直で、人気の絵本や知っている本だと声が上がるし、結末が想像と違ったりすると反応が大きくなります。時には、結末を先に言葉にされてしまったりしますが、思わぬハプニングもまた楽しいものです。読んでもらうのと自分で読むのとでは感じ方が違うでしょうし、読み手が男性であればまた違う反応をします。それが本の面白さですし、本と出合う経験を重ねて、本を好きになってほしいですね」

肝付さんは活動を続ける中で、また卒業生の子どもを育てる母親として「読む子と読まない子の差が広がっているようにも感じます」と言います。「自分の子をみていて、スマホやゲームに使う時間は長くなっているような気がします。少し前なら本で知った面白さを、別のものから得ているのかもしれません」と、寺井さんも感じているようです。

今、学校の図書館は素敵な空間になっています。配架に工夫がされ、本を紹介する飾り付けは本の魅力をたくさん発信して、子どもたちは図書館へ行くのを楽しみにしているそうです。本を身近にすることについて、肝付さんはこう話します。

「私はとにかく本が好きだったので、図書室もまちの図書館にも通いました。思えば、今の図書館は当時とは全く様子が違います。特に桜木小の図書館には畳のコーナーもあって子どもたちは思い思いの場所でのびのびと好きな本を読んでいます。そのほかにも、子どもたちの目に触れるところに本が置かれていて、恵まれた環境だと思います」

2人は、読み聞かせを通して子どもたちへ本の面白さ、楽しさを伝えたいと口を揃えます。本の世界に浸って感じるうれしさや切なさ、本を読むリズムや読み方で変わる気持ちのあり様など、2人にとっての読書の魅力を聞きました。

子どもたちは絵本に集中する

全国学力調査の結果をみると、さいたま市の子どもたちの学力は政令指定都市の中でトップクラスです。２人の話を聞いて、学力を下支えしている本の力、読書の力を思いました。

第5章

親と子の絆を深める子育て支援

子育て楽しいさいたま市

さいたま市は「子育てするならさいたま市」というキャッチフレーズを掲げて、子育て環境の整備に取り組んできました。ここ数年は、さらに一歩進めて「子育て楽しいさいたま市」というキャッチフレーズのもと、子育て環境の充実に取り組んでいます。さいたま市が目指す子育て支援は「親と子・家族の絆」を深める子育て支援です。

子どもをめぐる環境の中には、児童虐待や待機児童などさまざまな課題があります。さいたま市では子育ての負担軽減だけでなく、親と子の絆を深めていく支援に取り組んでいます。

選べる子育て環境をつくる

子育て支援について、私が特に重要視している課題は待機児童についてです。子育て世

認可保育所等の推移
認可保育所等の定員 21,452人へ大幅拡大

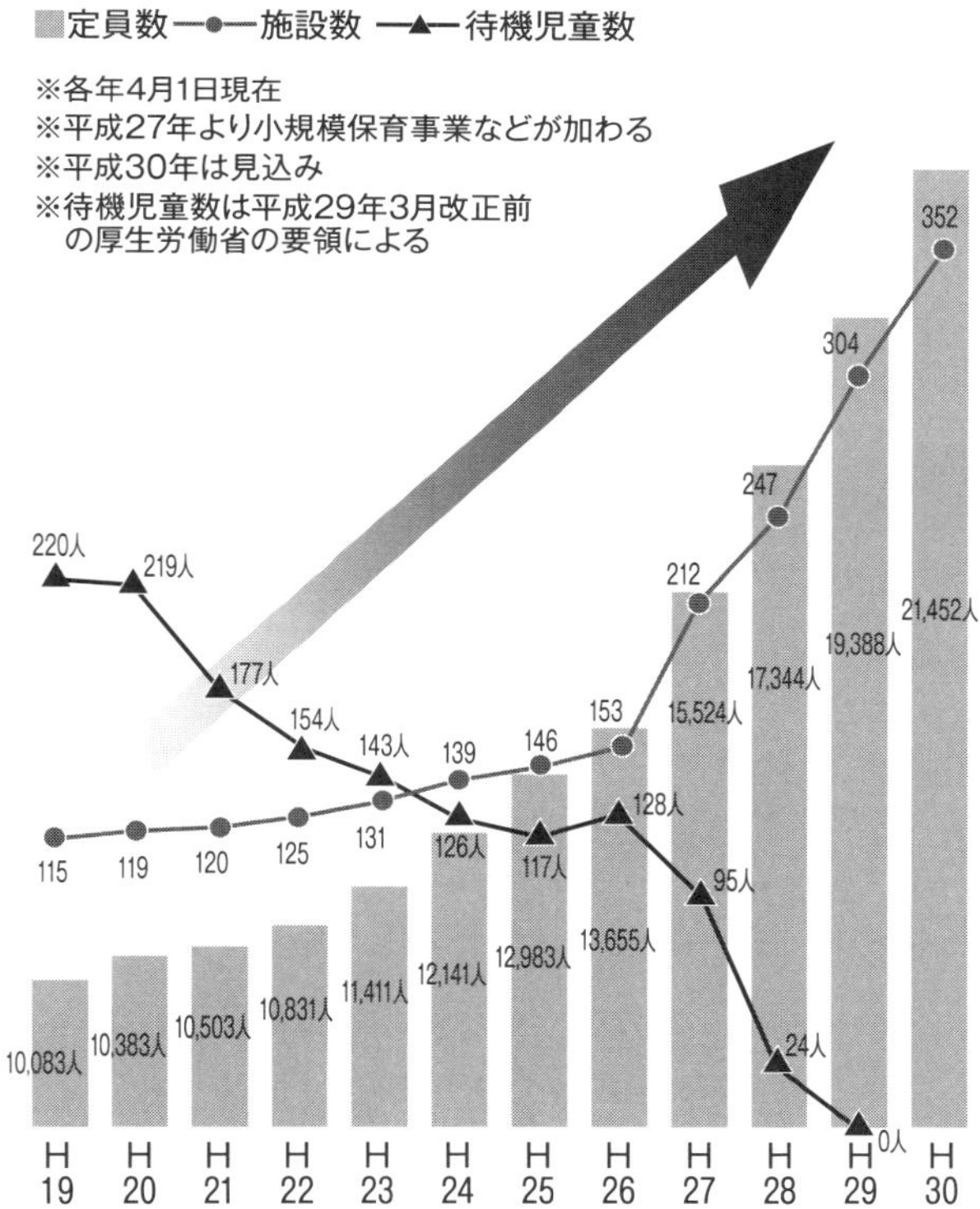

代のみなさんの不安を解消し、安心して子育てできる環境を一日も早く整えなくてはなりません。その取り組みについてみていきましょう。

まずは、認可保育所の定員です。私が市長に就任する前、平成20（2008）年は1万3833人でしたが、平成29（2017）年は1万9388人へ大幅に拡大しました。9年間で1・9倍です。また、施設数は2・6倍に増え、119施設から304施設になりました。（各年4月1日現在）

子育て支援関係費では、市長就任前には380億円でしたが、今年は824億円に増やしています。約2・17倍、444億円の増加です。このほか、保育士の確保や待遇の改善にも積極的に取り組んでいます。

全区役所には「保育コンシェルジュ」を配置し、保育所や保育サービスの利用に関する相談・情報提供、保育所などに入所できなかった方へのアフターフォローなどを行っています。このほか、単独型の子育て支援センターを全区に1カ所ずつ設置しました。月に2回、日曜日も開所して「パパサンデー」という父親向けの講座やイベントなどを開催して

子育て支援関係費の推移
【各年度当初予算】
824億円
H29
824億円
H20
380億円
約2.17倍！
444億円増
380億円
H 19
H 20
H 21
H 22
H 23
H 24
H 25
H 26
H 27
H 28
H 29

います。

平成27年4月には「子ども・子育て支援新制度」がスタートしました。幼児期の教育や保育、子育て支援の量の拡充や質の向上を推進するものです。こうした中、さいたま市では新たに「子育て支援型」幼稚園の認定制度も創設します。

さいたま市では、平成22（2010）年時点で4〜5歳児の約7割が幼稚園に通っていました。今は6割に減少していますが、各幼稚園では、例えば将棋の藤井聡太四段が通っていた園が取り組んでいる「モンテッソーリ教育」など、さまざまな特色ある教育を行っています。そのような幼稚園で預かり保育などの子育て支援機能の充実を図っていただき「子育て支援型」幼稚園として、利用者にとって子育てと仕事を両立しやすい環境をつくります。

これまでの幼稚園や保育所、認定子ども園に加え、特色ある保育が可能な市独自の制度であるナーサリールーム、「子育て支援型」幼稚園といった新たな選択肢が増えることで、子育ての方針、家庭や仕事の事情に合った選択ができるものと期待しています。

家族で参加する子育て支援

さいたま市は子育てパパ応援プロジェクトとして市民団体と連携した「さいたまパパスクール」や、子育て支援センターでの「パパサンデー」の開催、また「親の学習事業」などにも取り組み、幼稚園や保育所で子どもを預かるだけでなく、親の支援にも積極的です。また、「１日保育士・幼稚園教諭体験」などを、さいたま市私立幼稚園協会やさいたま市私立保育園協会などに協力していただいて多くの幼稚園や保育所で実施しています。

私も参加したことがあって、心が洗われるようでした。幼い子どもたちは、たった１日だけの先生である私を信じて全力で向かってきます。

「先生、ねえ遊ぼうよ」

当時の私は、自分の子以外の大勢の小さな子どもとどう接すればいいのか、最初は戸惑いました。疑うことを知らない純真さに、他人の子であってもわが子と変わらない大切さを感じている自分に気づき、私は父親として少し変わったと思います。そうした感動を、一緒に参加したお父さん方は口にしていました。

私たちは、子どもたちを幼稚園や保育所でお預かりして育み、家庭へお返しするだけではなく、親と子が絆を深めていくための子育て支援を目指しています。そのためには、保育所を整備するだけでは足りません。私たちが目指す子育て支援は、親と子が一緒に過ごす時間を大切にしてもらう手がかりを提供することです。

また、さいたま市では、お父さんの子育て参加だけでなく、おじいちゃんやおばあちゃんにも参加いただこうと、「祖父母手帳」を作成したり、「孫育て講座」を開催したりしています。「祖父母手帳」は、昔と今の子育ての違いを比較するなど、大変好評を得ています。マスメディアにも何度も取り上げていただき、平成28（2016）年には、人気育児雑誌が選ぶ子育てトレンド「ペアレンティングアワード」という賞も受賞しました。

放課後児童クラブの充実

放課後児童クラブについてもみていきます。学校用地内への設置を含めて、民設クラブ

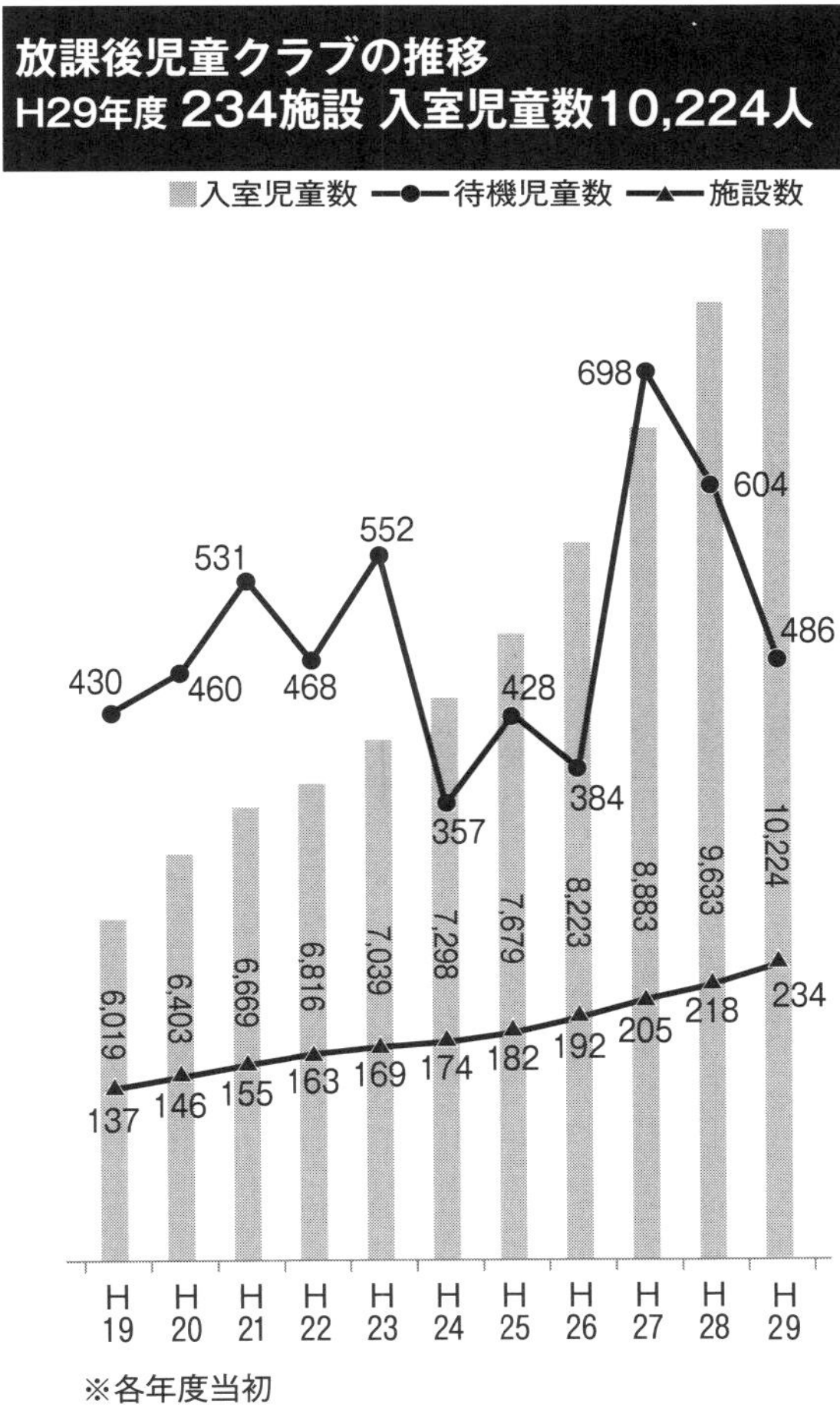
放課後児童クラブの推移
H29年度 234施設 入室児童数10,224人
入室児童数
待機児童数
施設数
430
460
531
468
552
357
428
384
698
604
486
6,019
6,403
6,669
6,816
7,039
7,298
7,679
8,223
8,883
9,633
10,224
137
146
155
163
169
174
182
192
205
218
234
H 19
H 20
H 21
H 22
H 23
H 24
H 25
H 26
H 27
H 28
H 29
※各年度当初

などの整備を進めています。まずは入室児童数です。私が市長に就任する前、平成20（2008）年は6403人でしたが、平成29（2017）年には1万224人に拡大しました。また、施設数は146施設から234施設になりました（各年4月1日現在）。

放課後児童クラブは保育所とは少し違った面があります。保育所はノウハウを積み重ね組織化された社会福祉法人や株式会社などが中心となって運営されています。一方、ほとんどの放課後児童クラブは、通っている児童の保護者によるNPOなどによって運営されており、ノウハウや組織という点で大変厳しい環境にあります。さいたま市では、民設クラブの運営面や放課後児童支援員の人材育成など、さまざまな支援を行っています。

子どもたちの支援充実と特別支援学級増設

とても残念なことですが、いじめや不登校、暴力行為、児童虐待など、子どもたちを取り巻くさまざまな課題が全国的に顕在化しています。私たちはこれらの課題に対し、「スクールソーシャルワーカー（SSW）」を教育相談室に配置しています。

ＳＳＷは問題を抱える子どもも本人だけでなく、家庭環境などの周囲の状況を把握し、解決策を探る社会福祉の専門家です。カウンセラーが心のケアをするのに対し、ＳＳＷは子どもを取り巻く環境に着目して支援します。

また、市立小中学校全校などには「スクールアシスタント」を配置しています。子ども一人ひとりの状況に応じて、授業や学習の補助や生活支援を行います。

小中学校への特別支援学級の設置にも力を入れています。平成23（２０１１）年の設置校は49校で、設置率30・８％でした。これを平成29（２０１７）年には１３９校に設置し、設置率は86・９％になっています。

さらに、子ども・家庭、地域の子育て機能を総合的に支援する中核施設として、「さいたま市子ども家庭総合センター」を平成30（２０１８）年4月に開設します。この施設では、市内の子どもに関する相談を一括して受ける総合相談窓口を設けるとともに、児童相談所、こころの健康センターなどの複数の専門相談機関を集約し、連携を図ることにより、子どもや家庭・家族が抱える多様な問題に対応します。

また、最新の課題に対する企画・研究を行う「子ども研究センター」や相談対応力を高めるための人材育成を行う「子育てカレッジ」、屋内での遊びや交流スペースの「ぱれっとひろば」、さらには子どもたちが思い思いに遊ぶことができる屋外の「冒険はらっぱ」を設け、子どもから大人まで一緒に楽しめる施設として、「子育て楽しいさいたま市」の実現を目指す拠点となる施設です。

さらに、さいたま市では平成25（2013）年度から引きこもりなど社会生活に困難を有する若者を対象にそれぞれの状態に合わせた自立支援プログラムを実施して、就労や就学などの社会的自立につなげていくための若者自立支援ルーム事業も進めています。

特別取材

さいたま市若者自立支援ルーム・さいたま市生活困窮者学習支援教室

NPO法人さいたまユースサポートネット
代表理事　青砥　恭さん

子どもの貧困問題とさいたま市の課題

夢や目標を持っている子どもの割合が高いさいたま市。その一方で、正反対の厳しい現実を抱えた子どもや若者たちがいます。さいたま市は平成25（2013）年度から、引きこもりなど社会生活で「居場所」のない若者の自立支援プログラムを実施しています。若者自立支援ルームと学習支援教室の現場で話を聞きました。

◇　◇

「この施設があるから生きていける若者たちがいます」

青砥さんはこう話を始めました。ここは、さいたま市在住の中学生年代から30代を対象にした「さいたま市若者自立支援ルーム」。引きこもりや不登校などの若者の居場所として開設しました。年間の利用者は7、8千人にもなります。

「学齢期にある子どもたちには学校など支える制度があって、不登校であっても全国的に対策が進んでいます。その一方、18歳以上の若者は制度の外に置かれ、朝起きても行く場所がありません。『若者自立支援ルーム』が最後のセーフティネットになっています。全国のモデルとして注目され、視察も多いです。しかも、さいたま市の単独事業です。そこが素晴らしいのです」

芸術系、語学系、食事のプログラムや畑仕事、多様な利用をする若者たちの交流などを通して、社会とのつながり、絆をみつけていきます。素晴らしいと感じたのは、地域の自治会のお祭りや運動会、ソフトボール大会に参加するなど、地域のみなさんにも支えられていることです。

「学校は社会とつながる最初の場ですが、ここに来る多くの子どもたちには、その経験がありません。地域のみなさんの支えは、人との関係性のつくり方を学ぶ、体で覚える機会になっています」

こうした経験を重ね、自立の道を歩み始める若者も少なくありません。巣立った後も顔をみせる若者もいます。中には、ボランティアとして力を貸してくれる人も現れていると聞きました。

さいたまユースサポートネットは、「さいたま市生活困窮者学習支援教室」をさいたま市の委託を受けて運営しています。生活保護世帯の中高生や児童扶養手当全額受給世帯の中学生を対象に市内全区に教室があり、高校生教室を含めて11教室。約300人の中高生を、埼玉大学などの学生約300人のボランティアが支えています。全国子どもの貧困・教育支援団体協議会の代表幹事も務めている青砥さんは、「市の事業としては全国有数の規模」と話します。

諦めることで生きてきた子どもたちに「現実をはねかえす力、変える力を身につけてほしい。未来は選択できることを気づかせたい」と青砥さんは力を込めます。

不登校で教室へ通えない子どもには、自宅まで足を運んで教材を渡したり、教えたりすることもあります。「訪問型支援にも取り組まないと本当に必要なところへ支援が届かないが、とても手が足りない」とアウトリーチの必要性を強調します。

「若者支援ルーム」の活動（写真＝さいたまユースサポートネット）

不登校や高校中退の原因が、貧困にあることは少なくありません。そして、子どもの貧困は絶望と孤独、未来に対する意欲の喪失につながると青砥さんは言います。さいたま市は「夢や目標を持っている子どもの割合が高い」と、私は本書で再三述べてきました。しかし、その一方にある現実もしっかりと受け止めなくてはなりません。

「本当に手を伸ばさなければならない子どもたちには、まだ手が届いていない」

さまざまな理由から若者自立支援ルームや学習支援教室へ通いたくても通えない若者たちが社会に埋もれている現実を肌で感じているからこその切実な言葉です。「しあわせ実感都市」とは何か。「日本一の教育文化都市」とは何か。私たちはその真の意味を考え続けなければなりません。そして、「子どもが輝く絆で結ばれたまち」をみなさんと一緒に実現したいと心から思います。

第6章

「子どもが輝く絆で結ばれたまち」へ

もっと絆を深めよう

私はさいたま市の課題として、さいたま市で子どもを産んで育てる人たちを増やしていくこと、他の都市から移り住んでいただける「選ばれる都市」になることの二つを指摘しました。前述したように、さいたま市は20～39歳の転入が極めて多く、最も多いのが25～29歳の世代で、社会増の約9割を39歳以下の世代が占めています。

私たちは「子育てするならさいたま市」から「子育て楽しいさいたま市」へと、親と子の絆を深める子育て支援に取り組んでいます。これまで紹介してきたように、さいたま市が持っている高い教育力は学校と家庭、地域、そして行政の連携とそれぞれの高い教育力に支えられています。特に、多くのボランティアを含めた地域のみなさんの力が大きいのです。繰り返しになりますが、その要が絆であると私は考えています。

家庭の教育力について、行政がどこまで踏み込めるのかという課題がありました。それについて、私はこう考えています。

子どもと地域の人たちとの絆が深まると、保護者と地域の関係が変わってきます。私自身も親としての経験から、子どもは親との関係だけで育つのではなく、学校や地域のみなさんとのかかわりの中で育っていることに気づきました。親は最初から親になっているわけではないということです。家庭や地域の中でさまざまな経験を積みながら、父性や母性が育まれ、地域の一員としての意識が芽生え、親として成長していくのです。

行政である私たちは、その仕組みづくりや参画していただくみなさんの支援などを通して家庭の教育力を応援することができます。私たちはこれからも「子どもが輝く絆で結ばれたまち」の実現を目指して進んでいきます。

さいたま市は、日本一の教育文化都市をつくろうと考えています。では、日本一の教育文化都市とは何でしょうか？　学力やさまざまな指標やデータがある中で、私は、夢や目標を持っている子どもたちの割合が日本一になること、夢や目標を持つ子どもたちが輝いていること、生きる力を持っていることだと思います。

そして、子どもたちが、それぞれの夢や目標を実現できるように、知・徳・体・コミュニケーションの四つの力を育んで社会に送り出すことが、日本一の教育文化都市のあるべき姿だと考えています。

そのためには子どもたちを支える絆が必要です。本書を読んでいただいたみなさんをはじめ、市民のみなさんの力が欠かせません。ご協力をお願いします。

本書では、チャレンジスクールや学校安全ネットワーク、スクールサポートネットワーク、読み聞かせボランティアの取り組みを取材しました。学校と地域が連携して子どもたちを育む現場には温もりや優しさがあって、子どもたちの笑顔を輝かせていました。かかわってくださっているみなさんの愛情や情熱を本当に心強く感じました。

また、さいたま市が進めている「若者自立支援ルーム」や「生活困窮世帯の学習支援事業」の現場も取材しました。これらの事業は子どもの貧困、学びや就労から遠ざかっている若者の自立や保護者の不安を支援するものです。「日本一」を目指す一方で、私はこうした課題にもしっかりと向き合っていきます。さいたま市の教育力の本質が問われているように感じるからです。

私たちは今、「さいたま市ＣＳ90運動」に取り組んでいます。これは、市民満足度90％を目指すものです。さいたま市に暮らすすべての人が「住みやすい」「住み続けたい」と感じられる都市へ成長するために、本書で述べてきた教育力を真の意味でさらに高めたいと思います。そのためには、市民、事業者のみなさんと役割分担し、また、連携して力を合わせて取り組んでいかなければ実現できません。

私は、さいたま市の教育力は「選ばれる都市」として、他の都市で暮らす多くの方へ胸を張って誇れる魅力の一つだと思っています。「しあわせ実感都市」さいたま市へ、もっともっと絆を深めましょう。

あとがき

子どもが輝く絆で結ばれたまち――。初めて市長選に挑んだ時から、私が目指してきたさいたま市の都市像です。本書では、教育という視点から、目指すべき都市像へ着実に歩みを進めている姿を、取材を含めてまとめました。私は、さいたま市が現時点でも「日本一の教育文化都市」であると自負しています。そして、執筆を終えた今、それを支えているのは多くの市民の皆さんの「教育力」であると、改めて確信しています。

本書では、チャレンジスクールや学校安全ネットワークなどのたくさんの取り組みの中から、取材日程などを考慮して地域のみなさんの活躍を紹介しました。さいたま市には、160校全小中学校に、それぞれの学校や子どもたちを支えていただいてる地域ボランティアのみなさんが大勢がいて、地域ボランティアが自ら企画した独自のプログラムが、各学校毎に実施されています。そこには、準備から実施までに一人ひとりの思いが込められ、日々さまざまなドラマが生まれています。これらがすべて先進的な取り組みであり、一部しか紹介できなかったのが本当に残念です。

　これらの取り組みこそが、さいたま市の子どもたちの学力の高さや、「将来の夢や目標を持っている」「学校へ行くのが楽しいと思う」「自分には、よいところがあると思う」と回答する子どもの割合を政令指定都市トップクラスへ導いている原動力です。そして、地域と家庭と学校や行政との強いつながり、絆こそが、将来人口が減少し、超高齢化が進んでも、未来のさいたま市を輝かせ続けると、私は確信しています。

　出版にあたり、取材に協力をしていただいた地域で活動しているみなさん、厳しいスケジュールの中で私を励まし編集に協力してくれた地域環境ネットの阿久戸嘉彦氏、埼玉新聞社の青柳英昭氏をはじめ、関係者のみなさんに深く感謝いたします。また、いつも私を支えてくれる妻、二人の息子、同志である後援会のスタッフ、そして、市民のために一緒に頑張ってくれている市職員、教職員のみなさんに感謝を込めて、本書を捧げます。

平成30年1月

清水勇人

著者プロフィール
清水　勇人（しみず・はやと）

昭和37（1962）年、埼玉県生まれ。

さいたま（旧大宮）市立植水小、明治学院中・同東村山高、日大法卒。

（財）松下政経塾卒塾（7期生）。衆議院議員秘書を経て、平成15年、19年、南6区（さいたま市見沼区）より県議会議員選連続トップ当選。

全国初の議員提案による「防犯のまちづくり推進条例」、「スポーツ振興のまちづくり条例」を実現。

平成21年5月さいたま市長に初当選。

平成25年第8回マニフェスト大賞「首長グランプリ」「最優秀マニフェスト賞（首長）」受賞。

平成29年5月さいたま市長に再選（現3期目）。

日本サッカーを応援する自治体連盟会長、共栄大学客員教授。

著書は『繁盛の法則』（TBSブリタニカ）、『犯罪のない安全なまちをつくろう』（埼玉新聞社）、『さいたま市未来創造図』（埼玉新聞社）、『スポーツで日本一笑顔あふれるまち』（埼玉新聞社）、『もっと身近に、もっとしあわせに』（埼玉新聞社）ほか。

さいたま市未来創造図 3
子どもが輝く絆で結ばれたまち

平成30年 2 月 9 日　初版第 1 刷発行

発　行　者　小川 秀樹
発　行　所　株式会社 埼玉新聞社
〒331－8686
さいたま市北区吉野町2－282－3
TEL 048・795・9936（出版担当）
印刷・製本　株式会社 エーヴィスシステムズ
